.

CHARLES SANNAT

LA MÉTHODE INFAILLIBLE

MARRE D'ÊTRE PAUVRE
DEVENIR RICHE

CHARLES SANNAT

Charles SANNAT est diplômé de l'École Supérieure du Commerce Extérieur et du Centre d'Études Diplomatiques et Stratégiques. Il commence sa carrière en 1997 dans le secteur des nouvelles technologies comme consultant puis Manager au sein du Groupe Altran – Pôle Technologies de l'Information-(secteur banque/assurance). Il rejoint en 2006 BNP Paribas comme chargé d'affaires et intègre la Direction de la Recherche Économique d'AuCoffre.com en 2011 et crée le *Contrarien Matin*.

En 2015, il fonde le site **www.insolentiae.com** site de décryptage impertinent et humoristique de l'actualité économique qui diffuse une édition quotidienne gratuite. En 2019 il lance la chaîne YouTube *Insolentiae.TV* avec un JT de l'éco diffusé chaque semaine.

LA MÉTHODE INFAILLIBLE MARRE D'ÊTRE PAUVRE DEVENIR RICHE

Publié par Le Retour aux Sources

www.leretourauxsources.com

© Le Retour aux Sources – Charles Sannat - 2020

Introduction

J e n'aime pas les dossiers ou les articles qui promettent monts et merveilles, et notamment tous les canards et journaux qui, pour les mois d'été, titrent invariablement « Comment arrêter de travailler » ou encore un « Comment devenir rentier » ou « Comment ne plus travailler », le tout illustré de photos de vacanciers sous le parasol un verre à la main. Image parfaite de l'oisiveté, également mère de tous les vices ou presque !

Je n'aime pas ce genre de titre, car il n'y a, là-dedans, rien de vrai et que de fausses promesses.

Je lis beaucoup, j'étudie énormément, presque tout le temps pour tout vous dire, c'est presque compulsif, une soif de connaissance et de compréhension presque insatiable.

Lorsque les « autres » me regardent, ils me disent : « Mais tu n'arrêtes jamais de travailler ? » Sauf que je ne travaille pas. Je suis tellement ce que je fais que pas un seul instant ou presque je ne travaille, sauf quand il faut faire la comptabilité ou la paperasse. Là, je travaille, et je souffre terriblement, tellement cela est inintéressant (pour moi) ! Généralement, c'est ma tendre épouse qui, prise de pitié, finit en chaque fin de mois par me sauver des eaux tumultueuses du fleuve administratif qui menace de déborder et s'occupe des Cerfa qui s'empilent sur mon bureau avant qu'il ne soit trop tard.

Ce que je veux vous dire, c'est que j'ai lu, étudié et j'ai cherché à comprendre si l'on pouvait devenir riche à partir de rien et si l'on pouvait potentiellement tous le devenir.

Généralement, quand je dis que je travaille à comprendre comment devenir riche, on se moque de moi !Étant un brin provocateur, c'est toujours un sujet que j'aime bien planter dans une discussion.

Mes interlocuteurs prennent un air goguenard et me disent avec une bonne dose de jugement de valeur « il n'y a que l'argent qui t'intéresse », sous-entendu « tu es un méchant qui ne cherche qu'à s'enrichir forcément au détriment des autres ». Capitaliste ! Fasciste ! Enfoiré… Les insultes ne sont pas prononcées, mais elles se sentent dans les mots qui vous sont crachés à la figure. Elles vibrent dans l'attitude physique, « ils » se tendent.

Quand ce n'est pas le reproche, la seconde réaction la plus courante est l'incrédulité. Hahahaha, devenir riche, si c'était simple ou facile, tout le monde le serait ! Fin du débat. Sauf que devenir riche est possible avec des techniques somme toute très élémentaires. Le problème c'est que si c'est à la portée de tous, ce n'est pas pour autant ni simple, ni facile !

Dès lors, vous savez que vous avez en face de vous un individu qui sera à l'abri de l'argent pour les siècles des siècles, et je vous expliquerai exactement pourquoi et comment.

Bien évidemment, il n'y a pas que l'argent.

D'ailleurs, nous verrons que l'argent, passé 70K€ de revenus annuels, ne fait plus le bonheur !

Je suis profondément touché par les idées communistes qui sont théoriquement pleines de volonté de partager. Pourtant, j'ai toujours une gêne certaine lorsqu'une idée aussi généreuse soit-elle commence à vouloir toucher au droit de propriété, car sans propriété, il n'y a jamais et il n'y aura jamais de prospérité.

Le communisme, aussi sympathique soit-il (pas dans son application qui fut un drame historique), n'a qu'une vision de répartir et de partager équitablement la misère. À bien y réfléchir, nous ne devrions pas nous demander comment rendre les riches moins riches, mais plutôt comment rendre le plus grand nombre de pauvres plus riches. C'est un programme nettement plus enthousiasmant.

La quête de la prospérité collective

Peu sont capables de comprendre le sens de ma quête sur la richesse. Un jour, en lisant un livre, *L'Homme le plus riche de Babylone*, j'ai eu la révélation, le plaisir, la jouissance même de lire exactement la description du sens de mon travail autour de la richesse.

Oui, il existe des techniques, des méthodes et des moyens pour devenir riche et vivre dans l'abondance. Il n'y a rien de mal à vouloir cela et à rechercher cela. Au contraire, plus il y a de riches dans une nation, plus cette nation sera collectivement riche et forte, et cela n'a rien à voir avec la théorie fumeuse du « ruissellement ».

C'est tout le programme du président américain, et nous devrions, en France, avoir aussi cette vision. Non pas celle de la richesse qui exclut, mais la volonté farouche d'éduquer également nos compatriotes sur les moyens dont ils disposent pour s'épanouir.

Avoir à nouveau une France forte et conquérante est largement possible, mais pour cela, et parce que le monde a changé, les vieilles recettes n'ont plus aucun sens. Il faut enfin rentrer dans le millénaire de la connaissance et partager massivement ces informations qui ne sont pas des jeux à sommes nulles, comme les transactions commerciales, mais des jeux à sommes positives.

Lorsque je vous achète une paire de sandales à 10 euros, vous vous appauvrissez de vos sandales et moi, de mes 10 euros. Si je vous donne mes connaissances, j'en dispose toujours... et vous aussi ! Nous décuplons nos possibilités collectives.

Le sens de ma quête est simple : il s'agit de savoir si, au niveau d'un pays, on peut enseigner une autre vision de la création de richesses (très différent de la création d'argent). Peut-on apprendre à nos compatriotes comment participer au processus de création (qui n'est pas uniquement monétaire ! !) et créer ainsi une dynamique totalement différente de ce qui a été fait jusqu'à maintenant ?

C'est donc une question fondamentale aussi bien économique que... politique, et même dans beaucoup d'aspects également philosophiques.

Laissons la parole au roi de Babylone qui, quelques milliers d'années avant moi, lui aussi s'était posé la même question et s'était lancé dans la même quête.

Dialogue entre le roi Sargon II et son chancelier

Quand le bon roi Sargon II revint à Babylone après avoir vaincu les Élamites, ses ennemis, il se trouva devant une situation grave.

Le chancelier royal lui en expliqua la raison de cette façon.

« Après plusieurs années de grande prospérité apportée à notre peuple grâce à Sa Majesté qui a construit les grands canaux d'irrigation et les grands temples des dieux, maintenant que ces travaux sont complétés, le peuple semble incapable de subvenir à ses besoins.

Les ouvriers sont sans emploi. Les marchands n'ont que de rares clients. Les fermiers sont incapables de vendre leurs produits. Le peuple n'a pas assez d'or pour acheter de la nourriture.

"Mais où est allé tout l'or que nous avons dépensé pour ces grandes améliorations ? demanda le roi.

- Il a abouti, j'en ai bien peur, entre les mains de quelques hommes très riches de notre ville. Il a passé entre les doigts de la majorité de nos gens aussi vite que le lait de chèvre passe à travers la passoire.

Maintenant que le torrent d'or a cessé de couler, la plupart de nos gens ne possèdent plus rien."

Le roi devin pensif pendant quelques instants. Puis il demanda :

"Pourquoi un si petit nombre d'hommes furent-ils capables d'acquérir tout l'or ?

- Parce qu'ils savaient comment le faire, répondit le chancelier. On ne peut pas condamner un homme parce qu'il connaît la réussite. On ne peut pas non plus en toute justice, reprendre ce qu'il a gagné honnêtement pour le donner à ceux qui sont incapables d'en faire autant.

- Mais pourquoi, demanda le roi, tous les gens ne pourraient-ils pas apprendre à amasser de l'or, devenant ainsi riches et prospères ?

- C'est possible, Votre Excellence. Mais qui peut le leur enseigner ? Certainement pas les prêtres, parce qu'ils ignorent comment faire de l'argent.

- Dis-moi chancelier, dans la ville, qui connaît le mieux la façon de devenir riche ?

- Votre question contient sa propre réponse, Votre Majesté. Qui a amassé la plus grande fortune à Babylone ?

- Bien dit mon bon chancelier. C'est Arkad. Il est l'homme le plus riche de Babylone. Amène-le-moi demain."

Le lendemain, comme le roi l'avait ordonné, Arkad parut devant lui, droit et vif, en dépit de son âge avancé.

"Arkad, dit à haute voix le roi, est-il vrai que tu es l'homme le plus riche de Babylone ?

- C'est ce que l'on colporte, Votre Majesté, et personne ne le conteste.

- Comment es-tu devenu si riche ?

- En profitant des occasions qui s'offrent à tous les citoyens de notre bonne ville.

- Possédais-tu un avoir au départ ?

- Seulement un grand désir de richesse. À part cela, rien.

- Arkad, continua le roi, notre ville est dans un très triste état parce que peu d'hommes connaissent la façon d'acquérir la richesse et, par conséquent, ils la monopolisent pendant que la masse de citoyens ne connaît pas le moyen de conserver une partie de l'or qu'elle reçoit. J'aimerais que Babylone soit la ville la plus riche au monde. Alors ce doit-être une ville où il y a beaucoup d'hommes riches. Donc, nous devons enseigner à toute la population l'art d'acquérir des richesses. Dis-moi Arkad, y a-t-il un secret pour acquérir la richesse ? Peut-on l'enseigner ?

- C'est une question pratique. Tout ce qu'un homme sait, il peut l'enseigner aux autres."

Les yeux du roi étincelèrent.

"Arkad, tu as prononcé les mots que je voulais entendre. Te prêterais-tu à cette grande cause ? Transmettrais-tu ta science à un groupe d'enseignants ? Chacun pourrait l'enseigner à d'autres jusqu'à ce qu'il y ait un nombre suffisant de maîtres capables de l'enseigner à tous les sujets valeureux de mon royaume."

Arkad salua et y consentit.

"Je suis votre humble serviteur. Quelle que soit la science que je possède, je la répandrai avec plaisir pour le bien-être de mes concitoyens et pour la gloire de mon roi. Laissez votre bon chancelier organiser une classe de 100 hommes et je leur enseignerai les 7 moyens qui ont fait fructifier ma fortune alors qu'il n'y avait pas de bourse plus mal garnie que la mienne dans tout Babylone »...

Si les 7 piliers d'Arkad sont les fondations, il est possible désormais d'aller beaucoup plus loin que les Sumériens. Les Sumériens, c'est l'invention de l'écriture, des premières lois du droit, du commerce et de la banque. Les tablettes sumériennes nous ont renseignés sur les premières sagesses antiques.

Depuis Sargon II, nous sommes passés de la tablette en argile à la tablette numérique. Nous sommes, en l'an 2018, capables de lire les tablettes d'argile sumériennes, je ne suis pas sûr que nous soyons en mesure dans 6000 ans de lire les tablettes d'Apple.

Dans cet ouvrage, je vais partager avec vous tout ce que j'ai compris de la richesse et de la réussite, deux notions dont chacune et chacun de nous a une définition différente. Quelle que soit la réalité que cela recouvre pour vous, les outils du succès sont les mêmes.

Nous allons donc parler des techniques d'Arkad, l'homme le plus riche de Babylone, mais aussi de la manière de « penser comme un champion », comme l'a écrit Trump et titré l'un de ses ouvrages, et de bien d'autres choses qui peuvent changer votre vie.

Vous aussi devenez un des hommes riches de Babylone. Si nous avions de bons rois, ils rêveraient tous de rendre leurs gens prospères, car la prospérité collective est l'un des plus courts chemins pour la paix.

Ne pas confondre l'argent avec l'épanouissement et le bonheur !

Tout le monde a droit au bonheur et à l'épanouissement. La réussite, si elle se mesure parfois en argent qui en est une composante, est plus large que juste la réussite financière.

L'épanouissement et le bonheur nécessitent que les besoins primaires soient comblés et satisfaits. Si je veux être un artiste heureux et capable de créations, il ne faut pas se leurrer : il faut que je sois en mesure de « crouter », c'est d'ailleurs la raison pour laquelle tous les grands artistes ont toujours eu des « protecteurs » pour leur assurer leurs besoins matériels. Il est difficile de créer dans la misère.

Aucune personne oisive n'est réellement heureuse. Voir le temps passer et s'écouler quand il ne se passe rien n'amène jamais le bonheur à un être humain, et c'est pour cette raison que l'oisiveté est considérée comme un vice. Les vacances et le repos c'est bien, c'est salutaire même. L'oisiveté permanente est le chemin qui mène à la destruction de l'âme.

L'oisiveté est un immense problème, car elle va empêcher l'individu de se réaliser pleinement et d'aller exploiter au mieux son potentiel personnel.

Alors si je devais donner une définition de la réussite, je dirais que réussir à être riche, c'est réussir à être tout simplement heureux.

Il y a autant de chemins que d'hommes, mais il y a des points communs à toutes les réussites, des points communs faciles désormais à lister et à cerner, et aussi à expliquer. Il y a des points communs et des méthodes.

Ces outils sont à votre disposition, à notre disposition à tous. Les faire connaître est important, car évidemment, ils permettent d'atteindre de grands résultats à ceux qui s'en servent avec discernement.

Comme tout outil, vous êtes maître de leur utilisation. Un marteau peut aussi bien servir à bâtir la plus belle des cathédrales qu'à exploser le crâne de l'*homo sapiens* d'à côté.

Comme tous les outils, il vous faudra les prendre en main, vous exercer, tâtonner, vous entraîner.

Au bout du compte, vous êtes le capitaine de votre vie.

L'argent ne fait pas le bonheur, mais son absence fait le malheur

Quand on commence à parler de richesses et de techniques pour devenir riche, alors, invariablement, vous serez critiqué, descendu en flèche. L'argent est sale. En vouloir est horrible.

Nous sommes fâchés avec l'argent et le processus de création de richesses. Nous confondons tout, mais avant de nous réconcilier avec l'argent et la richesse au sens large, je voulais partager avec vous quelques considérations d'ordre général.

En 1974, l'économiste Richard Easterlin a démontré de manière empirique une relation étrange entre le bien-être et le PIB par habitant : à long terme, il ne semble pas exister de causalité entre la croissance du PIB (ajusté de l'inflation) par habitant et le bonheur. Entre 1973 et 2004 par exemple, alors que le PIB réel par habitant a doublé aux États-Unis, le "bonheur" est resté constant (voir graphique ci-dessous). Cependant, lorsque l'on regarde la situation à un instant "t", il apparaît tout de même que l'argent fait un peu le bonheur : un ménage plus riche aura tendance à s'estimer plus "heureux" en moyenne qu'un ménage plus pauvre, et ceci particulièrement dans les pays en voie de développement. Comment expliquer alors ce paradoxe ? Eh bien pour cela, il faut tout d'abord commencer par étudier la manière dont sont mesurés le bonheur et le concept de relativité du bonheur.

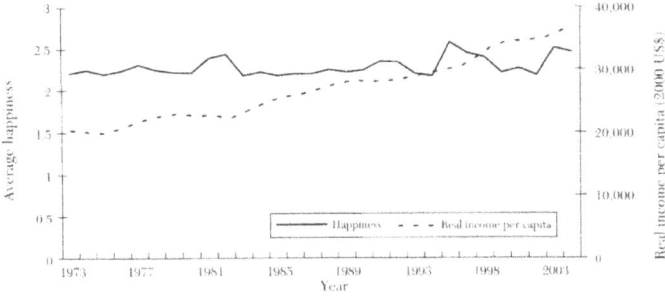

Figure 1. Happiness and Real Income Per Capita in the United States, 1973-2004

Source: World Database of Happiness and Penn World Tables. Happiness is the average reply to the following question: *"Taken all together, how would you say things are these days? Would you say that you are...?"* The responses are coded as (3) Very Happy, (2) Pretty Happy, and (1) Not too Happy. Happiness data are drawn from the General Social Survey.

En considérant une période "t" donnée et en utilisant ces deux mesures (*life satisfaction & emotional well-being*), Angus Deaton (prix Nobel 2015) et Daniel Kahneman (prix Nobel 2002) ont par exemple montré dans un papier de 2010 "*High income improves evaluation of life but not emotional well-being*"[1] que le revenu était positivement relié à ces deux variables (= plus le revenu est élevé, plus le "bien-être" est élevé), mais ce, uniquement jusqu'à un revenu de 75 000$ (pour un ménage) en ce qui concerne le "bien-être émotionnel". Pour le dire autrement, après 75 000$, une hausse de revenu améliore toujours votre perception de votre bien-être, mais n'a pas d'impact en réalité sur la fréquence ou l'intensité de vos périodes de stress, de joie, de rage... Vous avez alors l'impression que votre vie est plus cool parce que vous gagnez plus que les

---

[1]
https://www.princeton.edu/~deaton/downloads/deaton_kahneman_high _income_improves_evaluation_August2010.pdf

autres, mais en réalité, cela ne change plus grand-chose. Graphiquement, il est possible de voir que les différentes courbes sont croissantes jusqu'au seuil de 75 000$, puis deviennent plates (sauf la courbe "Ladder" qui correspond justement à la question demandant aux gens de noter directement leur propre vie sur une échelle de 0 à 10).

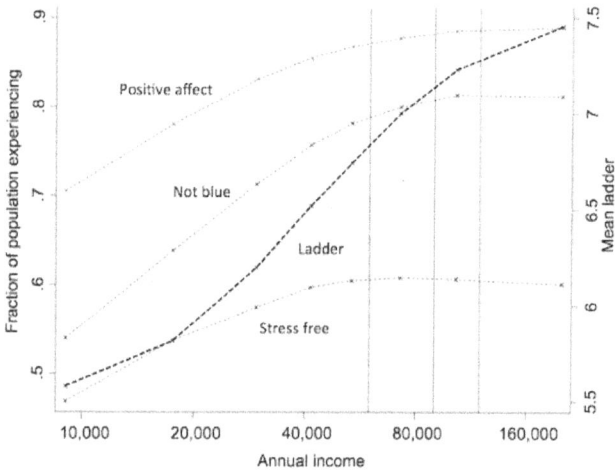

Fig. 1. Positive affect, blue affect, stress, and life evaluation in relation to household income. Positive affect is the average of the fractions of the population reporting happiness, smiling, and enjoyment. "Not blue" is 1 minus the average of the fractions of the population reporting worry and sadness. "Stress free" is the fraction of the population who did not report stress for the previous day. These three hedonic measures are marked on the left-hand scale. The ladder is the average reported number on a scale of 0–10, marked on the right-hand scale.

Comment expliquer que, sur le long terme, et alors que le revenu par habitant augmente, le niveau moyen de bonheur de la population dans les pays développés n'augmente pas (cf. premier graphique) ? Une partie de l'explication provient du fait que le bonheur est une notion relative, dépendant d'un référentiel donné (ou tout du moins le "bonheur" tel qu'il est mesuré actuellement). En effet, les individus ont tendance à se comparer entre eux pour estimer leur niveau de bonheur : je ne suis pas heureux dans l'absolu, mais je suis heureux, car, étant donné ma situation et le monde dans lequel je vis actuellement, je pense ne pas trop mal m'en sortir par rapport aux autres individus. Un graphique extrait de l'article "*Relative Income, Happiness, and Utility : An Explanationfor the Easterlin Paradox and Other Puzzles*"[2] (Journal of Economic Literature, 2006) résume parfaitement cela :

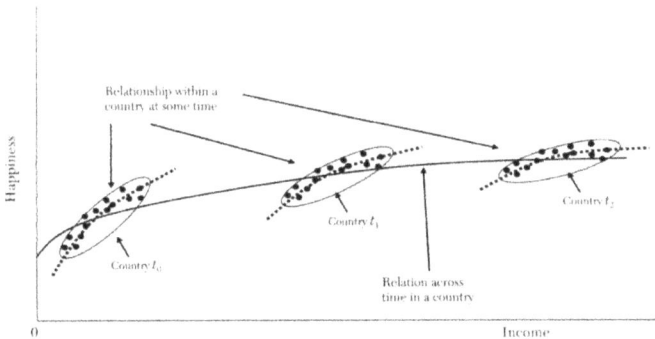

Figure 4. The Relationship between Income and Happiness at the Individual and the Aggregate Level

Comment lire le graphique précédent ? Dans un pays donné, si le revenu est très faible, alors une hausse du PIB réel par habitant entraîne une hausse du bien-être global (courbe croissante, au tout départ). La courbe noire

---

[2] http://ftp.iza.org/dp2840.pdf

"Relation across time in a country" s'aplatit par la suite, avant de devenir quasiment parfaitement plate, illustrant alors le paradoxe d'Easterlin : à long terme, et principalement dans les pays développés, la hausse du revenu n'améliore pas le bien-être au niveau agrégé. Cependant, au niveau "micro" et pour une période donnée, le revenu a un impact sur le bien-être : plus vous êtes riche, plus votre "satisfaction de vie" est élevée (et ce, même dans le cas de l'étude de Deaton et Kahneman, avec la courbe "Ladder" qui est bien croissante). Ceci est représenté par les trois périodes t0, t1, et t2 et les trois courbes pointillées "Relation within a country at some time".

Source Capitain Economics[3]

---

[3] http://www.captaineconomics.fr/-l-argent-fait-il-le-bonheur-le-paradoxe-d-easterlin

Se réconcilier avec la création de richesses

Dans notre esprit français, gagner de l'argent c'est mal, c'est sale.

Vous allez me dire, mais regardez, vous ramenez encore la réussite à l'argent.

Eh oui.

Oui parce que souvent, la réussite se matérialise par l'argent.

Je fais une belle chanson. Ce qui a « excité » le compositeur n'était pas l'argent, il n'a pas créé pour l'argent, il a créé, c'était beau, cela faisait rêver, la voix, les mots, la mélodie, une création qui entraîne un succès, qui se matérialise par de la notoriété et de l'argent.

Je fais un bel immeuble, une belle maison, je suis un « bon » architecte, j'ai une « vision » différente, je vois l'espace autrement, une vision qui procure du bonheur et du plaisir visuel aux gens. J'ai plein de clients, on m'appelle pour bâtir de grands édifices. Mon succès se matérialise par de la notoriété et de l'argent. Cela n'a jamais été la motivation première de cet architecte.

Pas plus que de ce professeur, ou encore de ce médecin qui devient professeur de médecine et fait de nombreuses conférences en parcourant les congrès scientifiques dans le monde entier.

Pas plus que ce sportif qui fait du foot ou du biathlon.

La réalité c'est que « devenir riche ou célèbre », c'est rarement un plan de carrière, nettement plus souvent la conséquence et le résultat d'années de travail acharné mis au service d'une passion.

La richesse fuit les tièdes.

Souvent, gagner de l'argent c'est mal parce que culturellement, dans les religions du livre, il est expliqué, et c'est en particulier le cas dans l'évangile, qu'il sera plus difficile à un riche d'entrer au paradis qu'à un chameau de passer par le chat d'une aiguille.

L'argent c'est mal, et c'est tellement mal que si vous êtes riche, vous êtes condamné aux enfers... Alors que les pauvres iraient directement au paradis.

C'est bien, c'est sans doute vendeur, vu qu'il y a plus de pauvres que de riches, mais c'est un raisonnement erroné.

En réalité, Dieu a horreur des pauvres, comme il a horreur de la misère, tout comme il ne supporte pas évidemment que l'on fasse le mal pour de l'argent ou n'importe quoi pour l'argent.

Pourquoi vous parler de Dieu ? D'abord parce que je suis catholique, pour ceux qui ne l'auraient pas compris ! Ensuite, parce que l'Église apporte beaucoup de réponses à de nombreuses questions, des réponses très intelligentes. Enfin, parce que notre « peur » de l'argent « sale » est l'héritage, hélas, d'une incompréhension que je ne m'explique pas du message de Jésus.

On a beau expliquer doctement que la France pas plus que l'Europe n'ont pas de tradition chrétienne, c'est de la foutaise. Nous sommes bardés de principes chrétiens plus ou moins mal compris, et quand ils sont mal compris, ils deviennent des facteurs limitants à la recherche d'abondance naturelle. Notre morale EST judéo-chrétienne, que cela plaise ou non.

Notre morale, même laïque, est héritée de deux millénaires de morale judéo-chrétienne qui ont façonné nos sociétés et nos comportements. Le dire n'est ni un reproche ni un jugement de valeur, c'est ainsi. C'est factuel.

Vouloir plus, vouloir mieux, vouloir plus grand, plus beau, c'est saint, c'est normal, et c'est moralement estimable ! Pas condamnable. L'argent n'est pas sale mes amis.

Les intérêts, non plus.

Le vol, la dépendance à l'argent (bon serviteur et mauvais maître), la paresse, l'usure, oui, ça c'est mal, mais pas le reste.

Se réconcilier avec l'argent, c'est se réconcilier avec la potentialité de la réussite, c'est faire sauter en soi une chaîne qui emprisonne votre potentiel et vous empêche de vous réaliser.

Un peu de théologie et de catéchisme pour adulte

Voilà ce que nous dit la Bible dans la Genèse.

« Dieu les bénit et leur dit : soyez féconds, multipliez, emplissez la terre et soumettez-la ; dominez sur les poissons de la mer, les oiseaux du ciel et tous les animaux qui rampent sur la terre. Dieu dit : je vous donne toutes les herbes portant semence, qui sont sur toute la surface de la Terre, et tous les arbres qui ont des fruits portant semence : ce sera votre nourriture. »

Dès le départ, dans la Bible même, l'idée de « croissance » est là. Dire que l'idée de croissance y compris économique est présente dans ce texte sacré ne signifie pas que parce que cette notion est présente dès le départ, nous devions faire n'importe quoi.

Mais avant de préciser ce que peut-être ce « n'importe quoi », allons un peu plus loin avec la parabole des talents.

La parabole des talents

En ce temps-là, Jésus disait à ses disciples cette parabole : « *C'est comme un homme qui partait en voyage : il appela ses serviteurs et leur confia ses biens. À l'un il remit une somme de cinq talents, à un autre deux talents, au troisième un seul talent, à chacun selon ses capacités. Puis il partit.*

Aussitôt, celui qui avait reçu les cinq talents s'en alla pour les faire valoir et en gagna cinq autres. De même, celui qui avait reçu deux talents en gagna deux autres. Mais celui qui n'en avait reçu qu'un alla creuser la terre et cacha l'argent de son maître.

Longtemps après, le maître de ces serviteurs revint et il leur demanda des comptes. Celui qui avait reçu cinq talents s'approcha, présenta cinq autres talents et dit : "*Seigneur, tu m'as confié cinq talents ; voilà, j'en ai gagné cinq autres.*" *Son maître lui déclara :* "*Très bien, serviteur bon et fidèle, tu as été fidèle pour peu de choses, je t'en confierai beaucoup ; entre dans la joie de ton seigneur."*

Celui qui avait reçu deux talents s'approcha aussi et dit : "Seigneur, tu m'as confié deux talents ; voilà, j'en ai gagné deux autres." Son maître lui déclara : "Très bien, serviteur bon et fidèle, tu as été fidèle pour peu de choses, je t'en confierai beaucoup ; entre dans la joie de ton seigneur."

Celui qui avait reçu un seul talent s'approcha aussi et dit : "Seigneur, je savais que tu es un homme dur : tu moissonnes là où tu n'as pas semé, tu ramasses là où tu n'as pas répandu le grain. J'ai eu peur, et je suis allé cacher ton talent dans la terre. Le voici. Tu as ce qui t'appartient." Son maître lui répliqua : "Serviteur mauvais et paresseux, tu savais que je moissonne là où je n'ai pas semé, que je ramasse le grain là où je ne l'ai pas répandu. Alors, il fallait placer mon argent à la banque ; et, à mon retour, je l'aurais retrouvé avec les intérêts. Enlevez-lui donc son talent et donnez-le à celui qui en a dix. À celui qui a, on donnera encore, et il sera dans l'abondance ; mais celui qui n'a rien se verra enlever même ce qu'il a. Quant à ce serviteur bon à rien, jetez-le dans les ténèbres extérieures ; là, il y aura des pleurs et des grincements de dents !" »

En gros, et pour faire simple, Jésus veut que l'argent rapporte, et quand vous ne savez pas quoi faire de votre épargne, alors ne l'enterrez pas – bien que je vous explique le contraire en ce qui concerne votre or, en vous disant de le conserver 6 pieds sous terre à 15 pas du grand chêne dans la direction du soleil couchant, endroit où il sera le plus en sécurité.

Si vous ne savez pas faire fructifier votre argent, alors confiez-le au banquier qui lui, au moins, saura quoi en faire ! ! ! Surprenant non de la part de Jésus ?

Voilà pour la justification de la banque et des intérêts par Jésus lui-même, mais il ne s'arrête pas là. Il va encore plus loin dans cette parabole, et ce que va décrire Jésus est l'exact inverse de toute idée communiste ou socialiste.

« Et, à mon retour, je l'aurais retrouvé avec les intérêts. Enlevez-lui donc son talent et donnez-le à celui qui en a dix. À celui qui a, on donnera encore, et il sera dans l'abondance ; mais celui qui n'a rien se verra enlever même ce qu'il a. »

Quand vous avez été mauvais, on doit vous retirer ce que vous aviez pour le confier à celui qui a déjà le plus de talents, celui qui en a 10 ! En disant cela, Jésus prend au « pauvre » pour donner au plus « riche », il n'y a donc pas acte plus injuste que celui-ci.

Pourtant, Jésus, c'est un message d'amour… mais aussi de vie. Ce que Jésus sanctionne dans cet évangile ce ne sont pas les qualités ou les défauts, ou encore les imperfections. Jésus sanctionne ce mauvais « serviteur » qui a fait preuve de paresse. Ce serviteur n'a pas voulu travailler, il n'a pas voulu faire l'effort de poursuivre l'œuvre de création du Seigneur, car c'est cela qui est demandé par Dieu à l'homme.

Le mot « croissance » au sens chrétien du terme doit être compris non pas comme étant toujours plus de consommation, de production de bidules inutiles achetés avec de l'argent que nous n'avons pas, au détriment du bien-être des hommes qui produisent, et de l'environnement dont nous pillons les ressources.

L'idée de croissance doit être comprise comme étant une poursuite de l'œuvre de création de Dieu, et poursuivre la création de Dieu, c'est rechercher évidemment le meilleur, le plus beau, le plus doux, le plus humain, le plus sage. La création selon Dieu ce n'est pas le supermarché comme alpha et oméga, c'est l'accomplissement de l'homme en harmonie avec la nature et le monde, cela va de la sagesse à l'abondance, car notre planète est une véritable corne d'abondance que nous utilisons bien mal.

Voilà pour l'idée de croissance, enfin disons pour une première réflexion sur cette idée de croissance. Dieu ne la rejette pas, bien au contraire. Celui qui participe à cela participe à l'œuvre de Dieu, s'il le fait bien et dans le bon ordre.

Autre idée que nous trouvons dans cette parabole très riche : celle d'abondance. Si moines ou prêtres et tous les saints font vœu de « pauvreté », ce n'est pas ce qui nous est demandé, ce n'est pas ce que Dieu exige de nous. Nous avons même droit, ici-bas, à l'abondance. Mais l'abondance n'arrivera qu'à celui qui travaille, encore et encore, celui qui fournit les efforts (dont il est capable et qui sont à sa mesure). Tous sont inégaux, y compris dans le succès !

Chacun a reçu une somme de talents différents, comme chacun de nous.

Chacun revient à la fin voir son maître avec une somme toute aussi différente.

Tous, aux yeux du Seigneur, ont bien travaillé.

Le seul qui échoue au regard de Jésus est celui qui n'a rien fait. Paresseux de tous les pays, vous pouvez déjà commencer à vous repentir ! La paresse semble mener plus vite à l'enfer que l'abondance acquise par un travail honnête et un labeur de toute une vie.

Et comme nous sommes effectivement tous « inégaux », nous recevons des talents différents, et Dieu attend plus de celui qui a reçu 10 talents que de celui qui n'en a reçu qu'un. L'autre enseignement de cet évangile c'est que l'on attend beaucoup de celui qui reçoit beaucoup.

Le degré d'exigence du Seigneur augmente en fonction des dons qu'il vous a offerts. Là réside le principe « d'égalité » divine. Nous ne sommes pas égaux en ayant tous la même chose, cela n'a aucun sens. Nous sommes égaux parce que de l'inégalité de départ Dieu attend des résultats évidemment différents. C'est un peu comme si nous notions chaque enfant non pas en fonction de son travail, mais de ses capacités exploitées au mieux.

Cette exploitation de ses capacités par chaque individu trouve sa matérialisation dans le travail que nous allons exercer et cela m'amène à vous parler du travail.

Dans l'encyclique *Laborem exercens* de Jean-Paul II de 1981, le Pape nous explique que « le travail est avant tout pour l'homme, et non l'homme pour le travail » : « Le but de tout travail exécuté par l'homme fut-ce le plus humble service, le travail le plus monotone, voire le plus marginalisant reste l'homme toujours lui-même. »

Le but du travail est de nous améliorer. Le but du travail est de rendre meilleur chacune et chacun de nous. Le travail n'est pas une punition, il est une « formation » continue qui nous permet de progresser en humanité et de participer activement au processus de création qui n'a pas cessé quand Dieu s'est reposé. Dieu nous a confié le soin de poursuivre sa création. Et Jésus nous a enseigné qu'il n'y avait pas d'abondance sans grand travail et Jésus veut que vous réussissiez !

Mais ce n'est pas tout. Car Jésus, comme Arkad, l'homme le plus riche de Babylone, nous a lui aussi donné quelques conseils pour devenir « riche ».

L'évangile de la barque (Luc 5, 1-11)

« Un jour, Jésus se trouvait sur le bord du lac de Génésareth ; la foule se pressait autour de lui pour écouter la parole de Dieu. Il vit deux barques amarrées au bord du lac ; les pêcheurs en étaient descendus et lavaient leurs filets. Jésus monta dans une des barques qui appartenaient à Simon et lui demanda de s'éloigner un peu du rivage. Puis il s'assit et, de la barque, il enseignait la foule.

Quand il eut fini de parler, il dit à Simon : « Avance au large, et jetez les filets pour prendre du poisson. » *Simon lui répondit : « Maître, nous avons peiné toute la nuit sans rien prendre ; mais, sur ton ordre, je vais jeter les filets.* » *Ils le firent, et ils prirent une telle quantité de poissons que leurs filets se déchiraient. Ils firent signe à leurs compagnons de l'autre barque de venir les aider. Ceux-ci vinrent, et ils remplirent les deux barques, à tel point qu'elles enfonçaient.*

À cette vue, Simon-Pierre tomba aux pieds de Jésus, en disant : « Seigneur, éloigne-toi de moi, car je suis un homme pécheur. » *L'effroi, en effet, l'avait saisi, lui et ceux qui étaient avec lui, devant la quantité de poissons qu'ils avaient prise ; et de même Jacques et Jean, fils de Zébédée, ses compagnons. Jésus dit à Simon : « Sois sans crainte, désormais ce sont des hommes que tu prendras.* » *Alors ils ramenèrent les barques au rivage et, laissant tout, ils le suivirent.* »

Dans cet évangile, nous apprenons que les pêcheurs travaillent, ils travaillent même beaucoup, toute la nuit même : « *Maître, nous avons peiné toute la nuit sans rien prendre ; mais, sur ton ordre, je vais jeter les filets.* »

Nous apprenons deux choses dans ce texte. Deux qualités importantes à développer pour marcher sur les chemins du succès. Il faut évidemment travailler, mais il faut aussi persévérer et faire confiance. À qui me direz-vous ? Pour moi, la réponse est simple et facile. Je suis croyant, je fais confiance à Dieu. Je concède que pour un non-croyant, faire confiance puisse être plus difficile, mais faire confiance au-delà de Dieu, c'est aussi faire confiance aux autres. Pas facile. Nous connaissons tous les limites de la nature humaine, mais si « l'enfer c'est les autres », et si les « autres » sont souvent le problème, ils sont aussi souvent... « la solution ». Problème complexe certes.

Ce que je voulais partager avec vous c'est qu'à mon sens (ce n'est pas une vérité absolue, c'est ma compréhension des choses), c'est la confiance qui permet la persévérance.

Sans confiance, il y a découragement. C'est parce que je suis sûr qu'un jour cela va s'arranger, que j'ai foi, que j'ai confiance, que malgré les échecs, je vais-je lancer encore et encore mes filets, jusqu'à ce que je réussisse la pêche miraculeuse.

Le succès n'arrive pas facilement. La réussite est lente. Et si l'on voit vos signes extérieurs de richesses, de réussite, d'abondance, de succès, peu importe, personne ne peut voir les efforts ou les sacrifices que vous aurez « consentis ». Il y a très rarement de « succès » sans grands efforts. Rien n'a jamais été facile.

La persévérance est donc une grande qualité.

Souvent, vous entendrez « pourtant j'ai tout essayé » ! Sans doute faut-il, une fois de plus, remonter dans sa barque pour aller lancer ses filets une nouvelle fois, une fois de plus, malgré la fatigue.

Pour ceux qui veulent poursuivre cette réflexion passionnante, je vous invite à télécharger gratuitement l'ouvrage qui remue les méninges de Charles GAVE intitulé *Un libéral nommé Jésus* ![4]

Poursuivons toujours pour nous « réconcilier » définitivement avec l'argent et le succès. Il y a évidemment des « règles » pour réussir « moralement » et « justement ».

Servir le bien commun !

Nous sommes d'accord au moins sur un point. Il n'est pas question « d'accumuler » n'importe comment et pour n'importe quoi et sans que cela n'ait plus de sens qu'Arpagon dans la folie des grandeurs.

Notre « enrichissement » ou notre « succès » doit se faire au service du bien commun, une idée ancienne et tellement belle.

La définition du bien commun donnée dans mes cours de caté pour adulte est la suivante :

« Par bien commun, il faut entendre l'ensemble des conditions sociales qui permettent, tant aux groupes qu'à chacun de leurs membres d'atteindre leur perfection, d'une façon plus totale et plus aisée. Le bien commun intéresse la vie de tous. »

---

[4] http://gavekal.com/CRM/attachment.cfm?src=BOK&id=24

Je trouve cela un poil compliqué, en une phrase nous pourrions dire que ce qui est bien pour moi doit aussi être bon pour les autres. Cela pose le sujet du sens de nos actions. Il faut que l'orientation que nous donnons à notre travail, à notre action, soit juste.

Il y a une chose importante : c'est que le bien commun n'est pas du « communisme », le bien commun respecte par définition l'individu et les individualités de chacun. Le problème du communisme vient du fait que cette idéologie veut le bien de la société et que pour atteindre son objectif, elle sera totalement indifférente aux personnes... Vous avez vu l'échec aussi bien matériel, moral que spirituel d'une telle idéologie totalement mortifère.

Dans le libéralisme, c'est l'excès inverse et tout aussi mortifère. Nous avons une indifférence totale au bien-être collectif et la recherche uniquement du bien des personnes. Donc de l'individualisme pur dont les conséquences sont souvent dénoncées à juste titre d'ailleurs.

Au centre, la position juste est évidemment celle qui consiste à mettre le bien commun au cœur de l'action publique, mais aussi personnelle. Le bien commun veut le bien de la société ET le bien de la personne. Ces deux objectifs ne doivent pas s'opposer.

Nous savons tous que si nous sommes par exemple restaurateur, et peu importe les normes d'hygiène et que nous servons en toute connaissance de cause de la nourriture avariée pour gagner plus d'argent, nous faisons quelque chose de mal, et qui n'a rien à voir avec le bien commun.

Néanmoins, si je fais de bons repas, que mon restaurant est un lieu de vie, qui procure du bonheur et du plaisir aux autres, qu'il est un lieu d'échange, alors je suis dans le bien commun, même si je gagne de l'argent, même si j'en retire du plaisir, du succès et de la célébrité quand je suis un grand chef étoilé.

Dans le « bien commun », il est normal de chercher son bonheur personnel, car par définition et de façon très logique, il n'y a pas de « bien commun »si on s'en exclut ! Notre bonheur passe donc par une juste prise en considération de nous-mêmes, et c'est là que peut intervenir une qualité et vertu appelée « tempérance ».

L'usage juste de notre propriété !

Mais posséder c'est mal, c'est horrible, c'est affreux, c'est exploiter l'autre... Oui, bien sûr, c'est possible. Notre pays et tous les autres regorgent d'exemples de marchands de sommeil, ou d'exploiteurs, mais cela n'a rien à voir avec la propriété, mais avec l'usage que nous en faisons. Là réside le bien ou le mal de nos actions.

Nous sommes reliés à la création par la propriété, car nous ne sommes pas de « purs esprits » éthérés et sans besoin physiologiques.

Nous ne devons pas faire n'importe quoi avec « notre » propriété et ne pas oublier que notre relation à la propriété reflète évidemment notre relation avec Dieu, avec le bien, avec le divin, appelez cela comme vous le souhaitez.

Donnez, et vous recevrez !

Luc 6, 38 : « Donnez, et on vous donnera : on versera dans votre sein une bonne mesure, pressée, et secouée, et qui débordera. Car la même mesure avec laquelle vous aurez mesuré servira de mesure pour vous. »

Ce que nous recevons, qu'en faisons-nous ? À quoi cela va-t-il servir ? Le principe de base de la Bible sur la propriété est assez simple à comprendre : les « biens sont donnés pour le bien de tous ».

Dans le communisme collectiviste, je n'ai pas le choix de l'usage de ma propriété. Dans la vision chrétienne, on oppose au collectivisme le principe de responsabilité de l'usage de sa propriété avec une règle aussi claire que limpide.

Le juste usage de ma propriété c'est la compréhension d'une différence essentielle entre l'idée de propriété privée et de propriété privante.

Si mon usage prive l'autre, alors je suis dans l'erreur. Ma propriété n'est pas faite au détriment d'autrui.

Autre grande idée : distinguer la propriété fertile de la propriété futile. Si j'achète une belle décapotable pour courir le guilledou et faire la bamboche avenue Montaigne, je suis évidemment dans du futile. Si j'utilise cette même somme pour acheter un minibus que je fais adapter pour transporter des personnes en situation de handicap, alors ma propriété devient évidemment fertile pour la collectivité, pour le bien commun. Je peux même gagner de l'argent avec mon minibus, je peux même avoir une flotte de minibus et devenir très riche, mais l'usage de ma propriété est fertile, et plus j'aurai de minibus, plus je rendrai de gens mobiles et aiderai des hommes et des femmes jusqu'à présent exclus de la création en les mettant en mouvement. C'est un exemple juste pour illustrer les propos.

Enfin, dernière réflexion que je voulais partager avec vous, c'est le fait ou l'idée d'encenser le « dépouillement ». Le rien devient vertu.

Le dépouillement n'est pas une qualité en soi ni une « bonne action ». Le dépouillement est une nécessité pour ne pas être entravé dans notre marche et il revêt de multiples facettes.

Le premier dépouillement que nous devrions faire n'est pas physique. Il ne s'agit pas de nous débarrasser de toutes nos babioles, mais de tout ce qui nous encombre et rend notre voyage ici-bas très pénible.

Ce premier dépouillement est mental, psychique. Nous devons nous débarrasser, nous dépouiller de tout ce qui nous entrave, à commencer par nos traumatismes ou nos fausses croyances comme celles qui consistent à penser que Dieu n'aime que les pauvres et déteste les riches et les richesses. Rien n'est plus faux.

Avant de devenir riche, je pense donc qu'il faut comprendre deux choses. Il faut d'abord se dépouiller de tout ce qui nous entrave l'esprit et nous rend l'âme opaque nous empêchant d'agir et de devenir acteurs du processus de création, ensuite ne pas croire que réussir est mal, car on ne « joue pas pour participer ». On joue pour gagner ! Gagner et réussir c'est bien. Réussir n'est pas une option, ce doit être une obligation y compris morale.

Évidemment, la réussite s'accompagne de devoirs et de sens des responsabilités, c'est ce qui va la rendre encore plus belle, encore plus satisfaisante, et au bout du compte, parce que je vois et regarde l'autre, parce que je suis utile, je suis heureux. Tout cela est en réalité tellement vertueux.

Créer de la richesse est bon et bien si toutes nos actions sont justes et bonnes et suivent les principes que nous venons de voir.

L'homme étant imparfait, nos actions le sont également, mais si elles tendent à respecter ces idées, alors les choses seront pour le mieux et nous ne devons jamais oublier que nous sommes les humbles régisseurs des biens qui nous sont confiés.

Pour le reste, autorisez-vous à réussir, et autorisez-vous à gagner de l'argent !

De l'importance incomprise de « l'attitude »

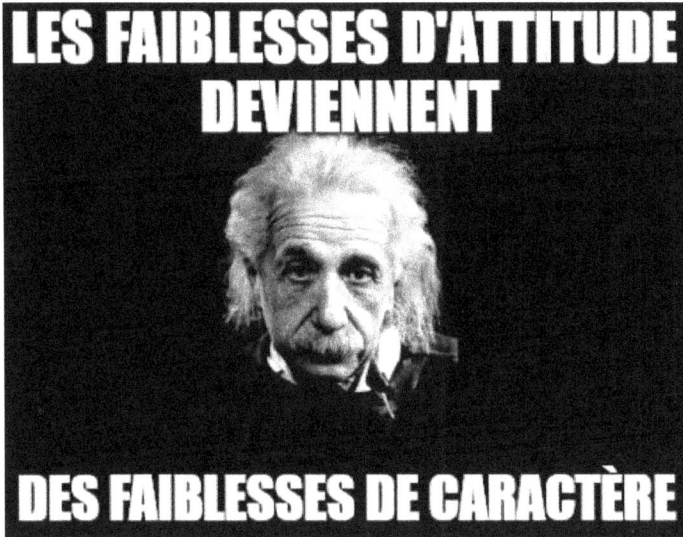

P oursuivons sur cette idée de dépouillement, et nous allons regarder cela par l'exemple.

Lorsque j'ai parlé de ce sujet dans l'un de mes éditos intitulé « L'homme le plus riche de Babylone. Et vous ? », il y a eu de nombreux commentaires, il y a eu beaucoup de messages qui m'ont d'ailleurs passablement attristé, car cela démontre à quel point la société fabrique volontairement des âmes d'esclaves au lieu de vouloir faire grandir des hommes libres.

Voici sans doute l'un des plus beaux exemples de « ce n'est pas ma faute à moi ».

Le syndrome de l'excusite permanente

« Belle imagination d'un nanti !

Vous oubliez le hasard. Je n'ai pas choisi mon ADN, ni mon tempérament, ni mon père, ni ma mère, ni mon frère, ni ma sœur, ni mon environnement familial, ni mon pays, ni le gouvernement de mon pays, ni le climat où je suis né, ni l'époque, etc. Et je fais avec ce que je suis et qui m'est imposé, disons au moins à 80%.

En plus (le hasard toujours !), les occasions se présentent aux uns et non pas aux autres, et tous n'ont pas les mêmes possibilités de les saisir.

C'est la raison pour laquelle votre histoire de Babylone n'est qu'une histoire de roi valable pour les rois, mais pas pour moi.

Quant au communisme, je suis pour le vrai. Comme Macron se prétend démocrate, alors qu'il n'est que dictateur, Staline, Mao, Ceausescu, etc., se prétendaient communistes alors qu'ils n'étaient que dictateurs.

Le communisme, les premières sociétés chrétiennes le pratiquaient. Il est conforme à notre devise républicaine : Liberté, Égalité, Fraternité. »

Il commence fort notre camarade lecteur : « Vous oubliez le hasard. Je n'ai pas choisi mon ADN, ni mon tempérament, ni mon père, ni ma mère, ni mon frère, ni ma sœur, ni mon environnement familial, ni mon pays, ni le gouvernement de mon pays, ni le climat où je suis né, ni l'époque, etc. Et je fais avec ce que je suis et qui m'est imposé, disons au moins à 80%. ».

Fin du commentaire de notre lecteur.

Vous avez ici un extrait de concentré « d'excusite ». L'excusite, c'est une maladie mortelle pour l'épanouissement et le bonheur.

Moi non plus je n'ai rien choisi au départ, vous non plus. Nous sommes tous dans le même cas. D'ailleurs, Ophra Winfey, J. K. Rowling, l'auteur d'Harry Potter, pour prendre deux personnes actuelles qui ont grandement réussi, ont des parcours de vie très, très difficiles. Ces deux femmes n'avaient rien choisi. Le Général de Gaulle, petit général deux étoiles à titre provisoire, a globalement une carrière militaire médiocre, peu savent que sa fille Anne meurt dans ses bras. Je peux vous faire une liste à la Prévert de gens qui ont changé la vie des autres, qui sont rentrés dans la notoriété, la richesse ou l'histoire et qui ont une vie qui pourrait sembler pathétique, jusqu'à Beethoven l'un de nos plus grands compositeurs à la vie très difficile et qui composera alors qu'il est … sourd !

La différence entre « eux » et les autres, c'est l'attitude.

L'attitude face aux événements

Pendant des années, je n'ai pas su comprendre l'âme américaine, englué que j'étais dans ma compréhension française des choses. Comment peut-on se blâmer uniquement soi-même quand on est pauvre et ne pas en vouloir à la société entière ?

Parce que les Américains ont cette force redoutable liée à cette culture de l'attitude et de la responsabilité personnelle qui va nettement plus loin que l'absence de sécu ! ! C'est une manière de vivre.

Si je suis pauvre, ce n'est pas que je l'ai cherché, c'est que je n'ai pas réussi pour le moment à trouver la manière de ne plus l'être. Je force un peu le trait, mais c'est l'idée dominante dans l'esprit américain.

Notre attitude face aux événements conditionne beaucoup plus notre vie que les événements eux-mêmes. Les mêmes événements produisent des résultats totalement opposés. La Seconde Guerre mondiale produit Pétain et De Gaulle. Les résistants et les collaborateurs. C'est votre attitude qui fait le résultat face aux événements.

Notre lecteur a en réalité abandonné.

Il a cessé de vouloir.

Il a cessé d'avoir envie.

Il a cessé de rêver.

Il blâme tous les autres, le riche voisin qui est un enfoiré parce qu'il a plu, le gouvernement qui met trop de taxes (eh oui, il y en a trop), son ADN qui n'est pas le bon, son physique désavantageux, son environnement et justifie ses

« échecs » ou ses non-réussites ou plus vraisemblablement son manque d'efforts par le fait qu'il doit faire à 80% par des choses qui lui sont imposées...

C'est vrai.

C'est vrai pour nous tous.

L'important n'est pas ce qui nous est imposé, mais ce que nous en faisons, et c'est là qu'intervient précisément la notion d'attitude.

Comment va-t-on utiliser les 20 ou 30% de liberté individuelle.

Je suis en France, mais je peux partir et changer de cadre si je ne supporte plus mon gouvernement, je peux m'engager politiquement si je veux tenter de changer les choses sur place, bref, quelle attitude vais-je avoir face à mes contraintes de départ ?

Nous « travaillons », nous « agissons » tous sous contrainte. Les contraintes sont des données, l'attitude, notre façon de les ordonner et de les utiliser.

Tant que l'on se cherche des excuses, nous n'avançons pas, nous n'évoluons pas, nous ne progressons pas, nous sommes comme englués.

Le nécessaire dépouillement de ce qui nous entrave

La possession devient un problème lorsque la possession devient une entrave à notre progression, à notre évolution. Un peu comme un sac à dos trop lourd qui nous empêcherait d'avancer sur le chemin tortueux et très pentu de la vie.

Souvent, nous oublions que nous sommes le résultat d'années d'endoctrinement et d'accumulation de facteurs limitants, exactement comme l'a expliqué notre lecteur, qui n'a pas compris néanmoins ce qu'il pouvait faire de tout cela. Il est juste perdu, sans direction, bloqué, sans savoir par quel bout prendre les choses, sans doute parce que personne ne le lui a expliqué, parfois aussi parce que comme celui qui n'a reçu qu'un seul talent, la paresse fait son ouvrage funeste et l'on peut refuser de se fatiguer, mais dans son cas je ne crois pas que ce soit cela.

Je pense qu'il s'agit d'un homme qui n'a pas compris qu'il fallait qu'il se dépouille de tout ce qui alourdit son sac à dos et l'empêche d'avancer. Il faut toujours faire la paix avec soi-même, c'est la première étape.

Comprendre le pardon !

Faire la paix avec soi-même conduit, très souvent, à pardonner aux autres, car de façon générale, nos traumatismes viennent souvent des autres ! Même lorsque l'on souffre d'un handicap physique, l'expression de la colère amène des paroles du type « pourquoi tu m'as laissé naître » !

Ce qui nous entrave c'est ce qui nous a abîmés et que l'on n'a pas su, pu ou voulu assumer. À un moment, il faudra poser les mots, peser nos maux, et pardonner à ceux qui en sont la cause, et il ne faudra pas confondre pardon et oubli. Il n'y a rien à oublier. Pardonner signifie faire abstraction, mettre ce qui était lourd dans le sac à dos dans une valise à roulettes à côté de soi pour rendre le voyage de vie plus confortable. L'enfant violé, abandonné ou martyrisé dans ses jeunes années restera toujours un enfant violé, abandonné ou martyrisé à l'âge adulte.

Pardonner, ce n'est pas excuser, en aucun cas. Souvent, on confond pardon avec excuse. On demande à nos enfants qui viennent de faire une bêtise « demande pardon »... « Pardon papa, pardon maman », « c'est bien, tu es excusé »...

Pardonner c'est se retirer à soi-même toute haine ou rancœur à l'égard de l'autre, ce n'est pas excuser ses actes, encore moins les justifier. En se retirant la haine et la rancœur qui obscurcissent nos âmes, c'est à nous-mêmes que nous faisons un beau cadeau, pas à celui qui est coupable.

Dit autrement, tant que vous êtes animé par des sentiments négatifs, il ne se passera rien de positif dans votre vie. Rien. Il nous faut donc nous dépouiller de nos haines et de nos rancœurs, souvent ce n'est pas simple, mais c'est le seul chemin pour le bonheur et la réussite.

Il n'y aura pas de construction de réussite solide et durable sans prendre en compte les fêlures du passé. La

« réussite » est l'aboutissement d'un processus qui dure... toute une vie !

Ces fêlures sont plus ou moins importantes, nombreuses, durables ou difficiles à vaincre, elles dépendent évidemment des expériences de chacune et de chacun, du chemin de vie qu'a été le vôtre, mais faire l'impasse sur ces sujets serait une erreur fondamentale.

Tout cela est infiniment plus complexe, et je ne prétends pas être un professionnel de la psychologie.

J'ai néanmoins constaté qu'il y a quatre grands sujets qui pourrissent la vie des gens en général et la vie professionnelle en particulier.

Les traumatismes

Les traumatismes, c'est évidemment les fêlures les plus graves, celles et ceux qui, par exemple, ne peuvent pas sortir de chez eux parce qu'ils ont une phobie de la foule liée à un événement violent, ceux qui ne peuvent pas prendre les transports en commun, ceux qui ne peuvent pas monter dans un ascenseur, bref, peu importent vos traumatismes, ils entraînent une incapacité à affronter la vie et donc à vivre pleinement votre vie.

Sans affronter ces traumatismes, il n'y aura pas de possibilité de bonheur réel et durable. Dans la gestion des traumatismes, le pardon tient une place importante puisque le traumatisme est très souvent lié à une intervention malsaine d'un tiers à un moment.

Les complexes

Les complexes, du type je suis gros (ou je me sens gros), petit, maigre, laid, moche ou que sais-je sont les plus évidents des complexes qui viennent à l'esprit. Mais je peux aussi être complexé par une origine ethnique ou sociale, complexé par un manque de connaissances, de culture ou d'éducation, sans parler évidemment de la « timidité », complexe de tous les complexes, et qui handicape très sérieusement tout chercheur de bonheur.

Les barrières psychologiques

Les barrières psychologiques sont sans doute les plus faciles à vaincre, car si vous réussissez à les formaliser et à en prendre conscience, alors vous pouvez décider facilement de dépasser et casser cette barrière. Je vais vous prendre l'exemple au hasard de votre niveau en anglais, généralement pas terrible bien que globalement cela progresse. En gros, vous allez avoir une personne sur deux... ou trois qui vous dira spontanément qu'elle est nulle en anglais. Qu'elle n'a jamais réussi... Qu'elle ne peut évidemment pas réussir. La seule chose à faire pour sauter une barrière, c'est figurez-vous... de la sauter ! Tout simplement.

Vous dépasserez vos barrières dans l'action et par le travail. Vous pourrez apprendre l'anglais pour peu que vous vous donniez les moyens de le faire et que vous n'ayez pas la naïveté de croire que vous allez apprendre l'anglais sans effort aucun et en une semaine. Ce sera plus long et un peu plus difficile que cela, mais si vous le voulez vraiment, il n'y aura là rien d'insurmontable.

Vous êtes la propre solution à vos barrières. Sautez-les ! Et soyez évidemment... comme les pêcheurs dans leur barque : persévérant.

Les facteurs « limitants »

Je vais vous raconter deux petites histoires, vécues, réelles, à travers mes enfants et mon rôle de papa. Cette année ma fille, qui est en CE2, rentre de l'école et me raconte sa journée. Elle avait fait du sport et m'explique le plus sérieusement du monde, que « ce n'est pas grave du tout de perdre, l'essentiel c'est de participer et d'essayer ». C'est ainsi que sont élevés nos enfants par des maîtres et des professeurs, qui n'ont pas la moindre idée de ce que c'est que de construire le succès et qui vont, avec tous les meilleurs sentiments du monde, en réalité bourrer les enfants dont ils ont la charge de facteurs qui vont limiter leur développement pendant toute leur vie.

Ils ne sont pas méchants, ils n'ont aucune conscience de ce qu'ils font ce qui nous renvoie à ces paroles célèbres de Jésus. Luc 23, 34 : Jésus disait : « Père, pardonne-leur : ils ne savent pas ce qu'ils font. »

Alors j'ai demandé à ma fille si elle avait envie de gagner ou de participer. Elle m'a répondu, « j'aimerais bien gagner, mais ce n'est pas possible ». Ma fille d'à peine 8 ans est en train d'apprendre l'échec, elle se fait limiter. « Pourquoi ce n'est pas possible ma chérie de gagner ? » – Ben je ne sais pas papa... – Ma chérie, on ne joue jamais pour participer. On joue pour gagner, et gagner c'est sans tricher, sans faire de mal aux autres. » Pour gagner, il faut souvent s'entraîner dur, et participer à beaucoup de compétitions pour apprendre comment gagner. Gagner n'est pas facile, mais gagner n'est jamais impossible pour celui qui veut réussir.

Autre exemple, mon fils fait un superbe exposé avec un de ses copains sur Napoléon, il est en CM2, ils font une pièce de théâtre, on confectionne des costumes et un chapeau, gros succès, et... grande fierté de ces deux enfants, car leur travail a « payé ». Pourtant, ils ne recevront pas de note. Un jour, dans la voiture, mon fils, tracassé, finit par m'en parler : « Papa, tu sais le maître n'a pas voulu nous mettre de note pour notre exposé. – Ah bon, et pourquoi ? – Il a dit que c'était parce que ce n'était pas un travail obligataire... – D'accord, et cela semble te gêner non ? – Oui papa...   – Pourquoi ? – Parce que j'avais beaucoup travaillé et que je méritais une bonne note. – C'est vrai mon fils, tu as beaucoup travaillé, et méritais une bonne note, mais quelle est la vraie raison, il n'a rien dit d'autre le maître ? – Si, il a dit qu'il ne fallait pas trop marquer de différence entre les élèves. » Haaaa... nous y voilà !

Dans les deux cas, il faut surtout ne pas prendre le risque de faire que les nuls se sentent nuls ! On pourrait leur faire de la peine.

Vous avez, sous les yeux, deux exemples de facteurs limitants qui sont inculqués insidieusement et sans que l'on ne le perçoive, et sans que cela soit d'ailleurs méchant. Au contraire, dans l'esprit de ceux qui détruisent les esprits, c'est gentil, c'est bienveillant, car il ne faut surtout pas faire de peine aux plus faibles, il faut être « égalitariste ».

Pourtant, si Dieu est amour, il veut notre bonheur, et notre bonheur n'est possible qu'en réalisant pleinement notre potentiel. Logiquement, toutes les pensées négatives qui viennent entraver cet épanouissement par notre réalisation sont diaboliques. C'est un sujet que nous approfondirons.

C'est la vie qui se charge de leur faire une vie pourrie et pleine de peines ! C'est de la démagogie. Au contraire, l'humanité c'est respecter la dignité de l'autre, et considérer l'autre comme un être humain à part entière qui doit se réaliser pleinement en fonction du nombre de talents reçus, c'est pousser nos enfants à leur maximum et être ambitieux pour eux.

Revenons sur cette histoire de facteurs limitants d'un point de vue plus théorique pour compléter nos réflexions.

C'est dans la "loi du minimum" qui s'applique à l'écologie végétale que Justus von Liebig, en 1840, va évoquer les facteurs limitants qui désignent les facteurs écologiques dont le manque partiel ou total va venir entraver ou carrément empêcher un phénomène biologique comme la vie d'une espèce.

Par extension, il est possible de reprendre cette idée de facteurs limitants qui viennent limiter le développement personnel d'un individu et de l'appliquer à chacun de nous.

Qu'est-ce qui limite notre épanouissement, notre bonheur, notre réussite ?

Il y a des facteurs qui nous ont été imposés, et d'autres qui sont liés à ce que nous sommes. Si je suis un imbécile avec 2 de QI, j'ai un énorme problème de facteur limitant génétique contre lequel je ne peux pas faire grand-chose, et mes actions potentielles pour lutter contre ce facteur sont assez peu nombreuses.

Heureusement, il est possible de trouver une parade à la très grande majorité des facteurs limitants. Pour rester dans la métaphore du QI, il est évidemment possible de compenser un QI techniquement plus faible par une culture plus grande et un travail plus important. Une action est donc possible dans bien des cas. Encore une fois, si c'est possible, ce n'est pas facile ! Il va falloir travailler et persévérer, dans tous les cas.

Autre facteur limitant souvent à la base d'énormes blocages : les facteurs d'éducation, les relations avec les parents et le contexte dans lequel on a été éduqué.

Vous retrouvez dans les statistiques cette réalité terrible de ce que l'on appelle "l'atavisme" ou la capacité dramatique à la reproduction des cycles d'échecs comme des cycles du succès.

Les enfants de médecins deviennent souvent médecins à leur tour, tandis que les enfants d'ouvriers deviennent souvent à leur tour des ouvriers... C'est ce que l'on appelle "l'atavisme" (l'ensemble de traits de caractère transmis par les ascendants). Par extension, la notion d'atavisme est utilisée pour parler des principes de "reproduction" entre les générations. Cela peut aller, comme les psychologues le connaissent bien, jusqu'à la reproduction à l'âge adulte des traumatismes vécus dans l'enfance.

Casser les cercles vicieux est très largement possible, mais encore faut-il en avoir conscience et en avoir la volonté : ce qui est le plus épineux c'est la prise de conscience.

Ce n'est pas parce que je suis fils de médecin que je serais condamné à devenir médecin alors que je veux devenir chanteur (bien que papa va faire la tête et chercher à me « limiter »)... De la même façon, la condition ouvrière de mes parents ne me condamne pas à aller travailler dans la même mine de charbon. Pourtant, on était mineur de père en fils.

Si la génétique nous a pourvus d'un cerveau "reptilien", nous sommes aussi dotés d'intelligence et de raison. À nous, à vous d'utiliser ces qualités pour défier les statistiques, les pronostics et combattre les fatalités.

Dernier type de facteurs limitants, ceux qui sont relatifs à nos défauts, comme la paresse, ou le manque de rigueur, de constance et que l'on peut trouver sous la forme de commentaires plus ou moins sympathiques soit dans nos bulletins scolaires, soit dans nos notations professionnelles.

Si vous ne vous mentez pas, pour ces facteurs limitants, la solution là aussi est théoriquement simple. La solution c'est vous-même. Si vous êtes paresseux, il faudra vous mettre au travail ; si vous manquez de rigueur, il faudra vous contraindre.

L'effort, comme nous l'avons déjà vu, est une vertu individuelle. Personne ne peut fournir un effort à votre place.

Si vous ne le faites pas, alors il ne se passera rien.

Ce qu'il faut retenir, c'est que c'est votre attitude, votre volonté, votre engagement, qui vont forger vos réussites ou vos échecs.

Comme le disait Albert Einstein, « les faiblesses d'attitude deviennent des faiblesses de caractère ».

Quand Jésus dit « lève-toi et marche », il aurait pu aussi vous dire « lève-toi et gagne plein de pognon », ou encore « lève-toi, et avance vers ta propre réussite, vers ton épanouissement ».

« Penser comme un champion » par Donald Trump

J e sais, Trump est vilain et méchant blablababla, en plus il a un gros problème avec la quéquette, et c'est souvent le cas chez les chefs d'États et autres dirigeants de grandes sociétés. Je ne rentrerai pas dans les détails, mais ceux que cela intéresse peuvent faire des recherches sur le rapport entre ce que l'on appelle l'énergie sexuelle et l'énergie créatrice.

Si vous lisez cet ouvrage de Donald Trump, dont la lecture est par ailleurs très simple, fluide et facile, vous vous rendrez compte que Trump a pensé son succès, et que dans tous les succès, il y a une part très importante qui est liée à la réflexion préalable menée par celui qui va « réussir ».

Trump a été milliardaire, présentateur télé, et aussi accessoirement président des États-Unis. Ce type, que vous l'aimiez ou pas, a une vie de roman ! ! Lire ce qu'il dit sur la réussite est à mon sens une bonne idée !

Pourquoi vais-je vous parler très longuement de cet ouvrage ? Parce à la fin de cette lecture, vous devriez avoir plus d'outils en main qu'au début de votre lecture pour vous comprendre vous-même et les mécanismes du succès et de la réussite.

Ensuite, parce que cela vous permettra également de mieux comprendre la personnalité hors du commun qui siège dans le bureau ovale de la Maison Blanche et de voir la situation d'un autre angle que celui qui nous est présenté par les médias.

En étudiant ensemble cet ouvrage, nous faisons « de deux pierres d'un coup », et l'une des clefs pour le succès, c'est l'optimisation et la productivité ! ! !

Voici l'essentiel de ce qu'il faut retenir de son ouvrage que je vous invite évidemment à lire.

Innover

L'innovation peut surgir de n'importe où. Restez attentif et laissez votre esprit et vos sens réceptifs à de nouveaux stimuli.

Ne vous imposez pas comme limite de ne penser qu'à des choses très sérieuses parce que votre but est d'exceller dans les affaires. Veillez à toujours maintenir votre esprit en éveil, de toutes les meilleures manières possible.

Trump va même parler dans ce chapitre du nombre d'or, Phi. Ce nombre étant présent dans l'univers, dans les proportions, dans ce qui est beau ou parfait.

Il s'en sert pour nous montrer qu'il existe des choses mystérieuses, qui nous dépassent, et que la créativité en fait évidemment partie.

D'autres ont expliqué qu'il fallait se « connecter » à « l'intelligence infinie » pour être créatif. Nous y reviendrons peut-être un jour, car peu nombreux sont ceux qui peuvent comprendre cela.

Ce qu'il dit en attendant est juste et montre, derrière une façade qui ne laisse rien présager, la spiritualité d'un homme comme Trump, bien plus fin et surprenant que ce que l'on peut croire ou que l'on veut nous faire croire.

De l'importance de travailler en équipe

Trump cite Ford : « Se rencontrer est un début, rester ensemble un progrès, travailler ensemble la clé du succès. »

Pour Donald Trump, et ce ne sont pas que des paroles en l'air, travailler ensemble est essentiel « à la survie comme au succès ».

Comme vous le découvrirez, en gagnant en sagesse au fil des ans, la plupart des choses que vous faites n'impliquent rarement que vous-même. Entretenir l'esprit d'équipe permet d'obtenir de très bons résultats. Ne mésestimez jamais la force de l'équipe, cela fera de vous un joueur respecté et puissant.

Pour aller plus loin et explorer le « niveau 2 » il faut réfléchir à ce que l'on appelle « l'intelligence collective ». Le résultat est bien plus élevé que la somme des parties.

Cela nous renvoie aussi à l'idée encore une fois que si les « autres sont le problème », les « autres sont aussi la solution ». Il convient donc d'attacher grand soin et une immense importance au choix des gens qui nous entourent.

Un Thanksgiving célébré en avance

(Thanksgiving et une fête américaine). Trump affirme dans cette partie que nous devrions prendre conscience que nous avons beaucoup d'occasions de nous montrer reconnaissants, ne pas attendre la date d'une fête pour cela...

En d'autres termes ? Faites preuve de gratitude. Pensez à remercier, non pas pour la forme, mais pour formaliser votre conscience de la chance que l'on peut avoir. C'est mon cas lorsque vous vous abonnez à ma lettre Stratégies. J'ai beaucoup de chance à chaque fois. Chacun de vous me permet de vivre ma passion et de mon travail. Grâce à vous, je peux vivre la vie que je souhaitais, et qui n'implique pas la recherche de l'argent, mais la nécessité de vivre dignement. Recevez pour cela ma plus profonde gratitude.

Exprimer sa gratitude, c'est ressentir de l'amour. Tentez l'expérience. Vous ne risquez pas grand-chose.

Apprendre est un nouveau départ

Ne pensez jamais qu'apprendre est un fardeau, qu'étudier est ennuyeux. Si j'avais abordé le monde des affaires en pensant tout connaître, j'aurais coulé avant même de commencer.

Pour Donald Trump, et cela va rejoindre les principes d'un autre ouvrage dont je vais vous parler intitulé *La magie de voir grand*, il faut « penser grand » et pour penser grand, il faut commencer par penser. Pour pouvoir penser, il faut évidemment apprendre, apprendre et apprendre encore.

Le succès et la réussite sont des processus. Une partie importante du bonheur et de l'épanouissement réside dans le fait de progresser. Ce qui est important c'est plus de « cheminer » et « d'avancer » que d'arriver.

« Il est de notre devoir de développer notre pensée, en développant cette capacité vous devriez avoir d'excellentes surprises. »

Apprendre à penser rapidement et efficacement

Comme souvent, le commun des mortels ne voit que le résultat visible. « Cet homme pense vite », il « réfléchit vite », il pense « efficacement ».

C'est le résultat visible d'années de travail. C'est un peu comme le sens de la répartie. Pour avoir le sens de la répartie, il faut savoir comprendre vite, réfléchir vite, penser vite et avoir le sens de la formule.

Rien de tout cela n'est inné. En réalité, c'est le fruit d'années pour ne pas dire de décennies de travail acharné et du développement d'une grande culture générale.

« Être capable de réfléchir vite et de manière efficiente est le résultat d'un entraînement et d'une discipline. Les athlètes savent bien que personne ne peut s'entraîner à leur place, et les hommes d'affaires devraient avoir la même discipline. Comptez sur vous-même. »

L'apprentissage comme le travail sont des valeurs individuelles. Vous entendrez souvent « j'ai passé l'âge d'aller sur les bancs de l'école ». C'est une grande erreur. Nous ne devons jamais cesser d'apprendre et de nous former. Si nous cessons notre apprentissage, alors nous cessons notre évolution, notre progression, nous gâcherons notre potentiel.

Tendre vers la plénitude

Trump commence ce chapitre par une citation d'Einstein : « Celui qui ne peut plus s'arrêter pour s'émerveiller et rester profondément impressionné, celui-là est comme mort ; ses yeux sont fermés. »

Gardez évidemment votre esprit d'enfant, ce plaisir, cette joie totale, complète de l'enfant qui découvre de nouvelles choses et pour qui ces découvertes sont parfois des « révélations », la compréhension est tellement source de joie.

« Considérez-vous vous-même comme une organisation globale. Prêtez attention à chaque facette de votre vie. Quelles en sont vos forces ? Les faiblesses ? Qu'est ce qui manque ? Que pouvez-vous faire pour que la situation s'améliore dans son ensemble ? Quoi que vous fassiez, ne stagnez pas. Ne soyez pas content de vous. Ne soutenez pas que 50%, cela suffit. »

Il est de bon ton de dire qu'il y a tellement de choses à savoir, qu'il n'est plus possible qu'un homme connaisse tout... C'est un peu le pendant du « l'essentiel c'est de participer ». On ne vous demande pas de tout connaître, mais d'en connaitre le plus possible ! ! ! Il ne faut jamais renoncer, plus j'ai de connaissances, plus je maîtrise les choses, les projets, plus je peux penser grand et justement ou encore rapidement.

Il ne faut pas avoir peur d'avoir l'ambition de la plénitude.

Trump conclut ainsi : « Tendez vers la plénitude, gardez intact votre sens de l'émerveillement et vous serez prêt pour un grand chelem. »

Donnez une chance au meilleur de vous-même

« La vie peut être une aventure des plus agréables si vous écoutez votre moi le plus exigeant. Nous avons tous quelque chose d'unique à offrir : nous devons juste trouver ce que c'est et nous y adonner avec passion. Alors ne vous contentez pas d'écoper : sortez de l'eau et lancez-vous ! »

Soyez exigeant envers vous-même, élevez vos standards, soyez ambitieux, jouez pour gagner. Le plus difficile est de comprendre cela, mais surtout de trouver notre « mission de vie », ce pour quoi nous sommes faits.

Cette introspection est nécessaire. Qu'aimez-vous ? Qu'est-ce qui vous fait le plus vibrer ? Profondément ? Totalement ?

Sagesse

Ce que l'on m'a fait alors remarquer – et dont j'ai pleinement pris conscience par la suite –, c'est que la sagesse est le résultat de deux facteurs : l'expérience et la connaissance. On ne peut pas vous enseigner la sagesse, vous devez y parvenir seul.

Ne soyez jamais un Monsieur Je-sais-tout. Premièrement, il est impossible de tout savoir : deuxièmement, ce n'est pas amusant. Alors souvenez-vous-en : voyez grand en élargissant votre horizon. Vous n'en aurez que plus de valeur.

Dans ce chapitre, Trump insiste sur la notion d'éthique, d'intégrité et de réputation. Avoir bonne réputation, la réputation de celui qui tient ses engagements, est évidemment un atout considérable dans le monde des affaires.

Penser comme un champion

Dans cette partie Trump cite Aristote : « Le meilleur choix pour chaque individu est le point le plus haut qu'il lui soit possible d'atteindre. » Voilà une formule qui affiche une ambition résolue. Aristote n'était pas un productiviste capitaliste, mais un... philosophe !

Comme le disait Jack Dempsey, « un champion est quelqu'un qui se relève même quand il ne le peut pas ».

N'échouez pas parce que vous vous êtes refusé le droit de prendre le départ. Ne passez pas à côté du succès, car vous pensez que la responsabilité risque d'être trop lourde : restez juste concentré, et allez-y !

Les champions ont un rapport différent avec l'argent. Nelson Mandela n'était pas un milliardaire, il n'a pas eu une vie facile puisqu'il a passé 25 ans en prison à se faire taper dessus et en travaux forcés. Nelson Mandela a pourtant marqué l'histoire du monde et pas uniquement de l'Afrique du Sud. Nous pouvons dire que Mandela a réussi.

Comme souvent, derrière un grand succès se cache une grande souffrance. Mais ce que disait Nelson Mandela, c'est que « je n'échoue jamais. Soit je gagne, soit j'apprends ».

Si vous avez peur de l'échec, vous ne réussirez jamais. On ne peut réussir que si l'on accepte d'échouer et de recommencer, encore et encore, comme l'enfant que vous étiez qui a appris à faire du vélo.

Mon travail est une forme d'art

Trump compare les affaires à l'art. Évidemment, beaucoup penseront qu'un bon vendeur de chez Darty n'a rien à voir avec un artiste et nettement plus avec un gentil escroc qui essaie de vous faire légalement les poches.

C'est une vision. La réalité peut-être vue différemment.

Trump dit : « Ne vous dévalorisez pas. La vie est un art, les affaires sont un art, alors soyez un artiste et donnez le meilleur de vous-même ».Un « simple » vendeur n'a pas à se dévaloriser. S'il veut réussir, il lui faudra ériger sa manière de vendre au niveau de l'art de la vente, et c'est exactement pour cela que Trump a écrit aussi un livre intitulé *The Art of the Deal*, ce qui veut dire l'art de la négociation.

Si Trump fait une analogie réelle entre l'art et les affaires, c'est parce que « les artistes se consacrent avec passion à leur idéal et se distinguent souvent par leur persévérance, leur désir de faire les choses correctement. Voilà d'admirables traits de caractère. Ils ne reculeront devant rien pour atteindre le résultat escompté »…

La vision des artistes par Trump est surprenante n'est-ce pas ? Le milliardaire qui admire tous ces fauchés d'artistes sans le sou. Et pourtant, il a raison, l'important c'est évidemment les traits de caractère.

Passion, engagement et persévérance, voici trois qualités que l'on retrouve dans tous les succès depuis la nuit des temps et sur tous les continents.

Construire des ponts entre ses pensées

Trump cite Abraham Lincoln : « Je n'ai pas beaucoup d'estime pour un homme qui n'est pas plus avisé aujourd'hui qu'il ne l'était hier. »

Pour être avisé, il faut évidemment travailler, acquérir l'expérience qu'apportent les années, mais aussi ouvrir ses champs d'intérêt au maximum pour élargir ses horizons de pensée et de réflexion. Ne vous cantonnez pas à vos centres d'intérêt initiaux, ouvrez-vous.

L'intelligence vient du latin « intelligare », qui signifie littéralement « faire les liens ». Plus vous saurez de choses, plus vous serez cultivé, plus vous aurez d'outils à votre disposition dans votre caisse à outils et plus vous pourrez faire des liens et trouver des solutions originales aux problèmes auxquels vous êtes confrontés.

Faire face à ses peurs

Ralph Waldo Emerson disait que « la peur fait plus de victimes que n'importe quoi d'autre au monde ».

Pour Trump, nous sommes ce que nous pensons, une idée que vous allez retrouver à de multiples reprises si vous vous penchez sur ce que l'on appelle le développement personnel.

Trump refuse d'avoir peur, de poser le mot « peur », car pour lui il est évidemment « plus facile de venir à bout d'une inquiétude que d'une peur ». Pour Trump, la peur vous glace et ne fait qu'entraver votre pensée créatrice. La peur est en un sens diabolique, et c'est pour cela que Jésus, toujours lui, dit « Levez-vous, n'ayez pas peur ». Ces paroles ont bien plus de sens et de force que beaucoup ne le pensent.

La peur donne aux choses une importance qu'elles n'ont pas et « rend le loup plus gros qu'il n'est ».

Pour Trump, la peur est source de défaite, ne la laissez pas s'installer et quand vous la reconnaissez, alors éliminez-là immédiatement avec des pensées positives du type « je sais résoudre les problèmes » qui se traduira par la foi en vos capacités et un travail acharné.

L'imagination : mot-clé de l'esprit financier

« Beaucoup de gens sont imaginatifs, mais cela ne les aide pas parce qu'ils ne peuvent pas mettre leurs idées à exécution. Personnellement, j'en suis capable. Pour commencer, assurez-vous que vous possédez les bases nécessaires, puis laissez grandir votre imagination. Vous le verrez les résultats sont remarquables. »

Cela n'est pas aussi confus qu'il n'y paraît de prime abord. Ce que Trump veut dire ici c'est que l'imagination ne sort pas de « nulle part » ou presque. Il faut maîtriser de nombreux concepts et plus vous aurez une solide formation conceptuelle, intellectuelle, plus vous serez en mesure d'alimenter, de nourrir votre machine à imagination qu'est votre cerveau.

Pour imaginer, pour créer, il faut alimenter votre esprit du maximum de choses. Alors quand un problème se pose, votre esprit, si vous lui posez la bonne question, va se mettre à travailler et à chercher la meilleure combinaison parmi tout ce que vous avez emmagasiné comme information dans votre vie.

Posez la bonne question à votre cerveau, il se chargera d'imaginer tout seul la meilleure des solutions.

Le succès dans les affaires est-il un talent naturel ?

Trump démarre sont chapitre par une citation de Robert Louis Stevenson : « Pour arriver là où l'on est, on est parti de là où on était »...

Winston Churchill était un grand orateur ; je pensais que c'était probablement un don jusqu'à ce que je lise qu'il avait passé beaucoup de temps à développer cette compétence. Son talent était le résultat d'un entraînement auquel il consacrait beaucoup de temps et d'efforts.

Tiger Wood ou Roger Federer, dans le domaine sportif, donnent l'impression d'être des génies, mais si l'on se penche attentivement sur leur carrière, on s'aperçoit qu'ils ont été soigneusement entraînés.

Le succès est souvent une affaire de patience. En résumé, est-ce qu'être doué pour les affaires est un talent inné ? Non, je crois plutôt que c'est la combinaison de l'aptitude, du travail et de la chance qui mène au succès.

Revenons à la citation de Stevenson : « On est parti de là où on était. » Peu importe d'où vous partez mes amis, vous n'avez pas le choix du point de départ : c'est là où vous êtes. Si vous avez eu une bonne éducation, vous partez a priori de plus loin, mais le monde est rempli d'autodidactes qui réussissent brillamment et d'étudiants brillants qui auront des carrières très fades ou médiocres.

Votre point de départ est. Il faut accepter cela. Notre point de départ c'est ce qui fait ce que nous sommes aujourd'hui. À partir du moment où vous faites des choix, alors vous deviendrez autre chose, vous deviendrez autrement. Nous sommes au bout du compte le résultat de la somme de nos choix.

On se dit effectivement que de talent dans certains joueurs, artistes ou chefs d'entreprise qui réussissent. Certes. Encore une fois, on occulte les efforts et le travail nécessaires à l'expression des talents.

Quels sont vos talents, et comment allez-vous les exploiter et les cultiver ? Si vous êtes talentueux et paresseux, alors pour arriver là où l'on est, on est parti de là où on était… Mais ce sera le même endroit !

Soyez bref, rapide et direct

C'est une vision très américaine des choses. Directement à l'essentiel même si cela peut sembler un peu « brut de décoffrage », on ne se perd pas en circonvolutions inutiles.

D'ailleurs, c'est l'esprit américain qui accouche d'une entreprise comme Twitter, qui force le monde à penser et à se penser en 128 caractères, ce qui est un peu court et finit par montrer ses limites.

Le pendant français de cette idée est « ce qui se conçoit bien s'énonce clairement ».

Il faut donc prendre le temps de réflexion suffisant pour organiser vos pensées et être en mesure de les exprimer avec efficacité. Vous serez donc percutant.

Derrière le fait d'être bref et rapide, il y a évidemment un travail de synthèse nécessaire à faire, et ce travail de synthèse est toujours très…long, car être direct et rapide demande beaucoup de travail en amont. Pourtant, vos interlocuteurs ne retiendront que le résultat et ne verront pas les efforts fournis au préalable.

On prononce les paroles une fois, mais avant on a tourné 7 fois sa langue dans sa bouche !

Ayez le bon état d'esprit pour l'emploi

C'est encore et toujours le même sujet de l'attitude. Êtes-vous constructif ? Êtes-vous énervé à la moindre contrariété ? Partez-vous au combat en chevauchant votre destrier en armure parce que Monsieur Dupont vient de vous griller votre priorité à droite et qu'il a tort et vous, raison, ce dont on se fiche éperdument ? Allez-vous chicaner ? Râler, pester en permanence ?

Allez-vous vous noyer dans les problèmes ou mobiliser votre intelligence pour trouver des solutions ?

Serez-vous conflictuel dans votre équipe, ou pacificateur, pour permettre à tous de travailler au mieux pour le bien commun ?

Comme le disait Henry Ford, que Trump cite, il vaut mieux « découvrir un remède plutôt que de s'attarder sur la faille ».

L'état d'esprit positif c'est garder en tête de faire toujours les choses « pour » et jamais « contre ».

Travaillez votre élan pour pouvoir le maintenir

« De nombreuses choses deviennent faciles avec la pratique et l'expérience, et l'élan vital est l'une d'entre elle. Vous pouvez tirer parti de cette importante source d'énergie en étant juste conscient qu'elle existe. »

Cette idée peut sembler complexe, et elle n'est pas intuitive.

Je n'en peux plus, je n'arrive plus à travailler. Cela vous amène à la gestion de votre énergie, ce que Trump appelle votre « élan ». Cette force qui vous permet d'avancer.

Tous ceux qui réussissent travaillent beaucoup.

Tous ceux qui travaillent beaucoup dorment peu ou/et sont confrontés à la fatigue.

La fatigue n'est jamais rien que le manque d'énergie.

La question et le sujet qui se posent ici sont donc la gestion de vos forces vitales, de votre énergie. Vous ne réussirez jamais dans la durée sans travailler votre rapport à votre énergie.

La première chose à savoir c'est que la fatigue est bien souvent une impression, plus qu'une réalité.

Oui, d'accord, mais là je suis vraiment fatigué me direz-vous.

Et je vous répondrai, souvenez-vous cette impression enfant, cette sensation quand le jour est arrivé d'une sortie que l'on attend, d'un voyage, d'un tournoi, peu importe, on ne dort pas, on se réveille tôt, on est vif et clair... Pourtant, on a peu dormi. Nous avons beaucoup plus d'énergie en nous que nous le pensons.

Apprendre des échecs et des erreurs

« Est-ce une anomalie ou est-ce une catastrophe ? » Voilà la question que se pose Trump lorsqu'il est face à une difficulté... Dit autrement êtes-vous face à un tracas (même important) ou un gros problème ? Je viens de recevoir une facture imprévue, que je ne comprends pas. C'est un tracas même de plusieurs centaines d'euros, mais c'est un tracas.

Le locataire qui ne paye pas mon loyer ? Un tracas également.

Le cancer que l'on vient de me diagnostiquer... un problème.

La hiérarchie des choses et la relativisation des choses sont importantes notamment pour la gestion de votre énergie et le fait de ne pas mener des combats inutiles ou affecter vos ressources aux mauvaises priorités.

Chaque tracas, chaque anomalie, chaque échec doivent vous « former » et participer à votre amélioration et à votre courbe d'apprentissage.

J'avais 22 ans quand j'ai demandé à mon premier patron comment il avait fait pour réussir aussi bien. Il m'a souri et m'a très gentiment répondu, « qu'il avait beaucoup essayé, et surtout beaucoup raté », qu'il avait créé des entreprises, encore et encore, et que celle-là... avait marché !

Ce n'était aucunement de la fausse modestie. Maintenant, avec l'âge et la maturité, je comprends parfaitement ce qu'il m'avait dit il y plus de 20 ans.

Trump conclut sur ce conseil précieux : « N'ayez pas peur des erreurs et des échecs : ils peuvent être des outils pour comprendre, sur la route qui vous mène vers la création de quelque chose de grand. »

La peur de l'échec est un grand défaut de caractère. Seuls ceux qui n'essayent jamais n'échouent jamais. La véritable modestie n'est pas de dire que l'on est modeste, la véritable modestie est d'entreprendre avec volonté et détermination une entreprise pour la réussir et être capable d'accueillir, de supporter et de vivre l'échec comme une leçon que nous donne la vie, étape nécessaire vers votre succès.

Faites partager vos succès aux autres

« La puissance d'un nom est parfois incroyable et permet d'ouvrir de nombreuses portes. »Trump prend l'exemple d'Onassis, le grand armateur grec, et explique qu'il y avait plein d'autres personnes plus riches que lui, mais que tout le monde connaissait son nom.

Un nom ouvre des portes, et l'idée sous-jacente ici est qu'il faut aussi que vous chassiez de votre esprit le frein limitant de la fausse modestie.

Personne ne vous fera de compliments si vous ne vous en faites pas vous-même.

N'ayez pas honte de vous, n'ayez pas honte des compliments que l'on peut vous adresser. Combien de personnes ne savent pas où se mettre quand on leur fait un compliment ? Elles l'accueillent avec autant de difficultés qu'un reproche !

N'hésitez pas à faire savoir vos savoir-faire et vos réussites, sachez vous mettre en avant, il n'y a rien de mal à cela, la modestie n'est qu'un mauvais frein que l'on vous impose depuis l'école par formatage.

La prescience

Faculté de prévoir l'avenir, ce discernement créatif... Certaines personnes diraient qu'il s'agit presque de voyance. En réalité, c'est un phénomène que l'on peut tous apprendre et dompter, mais cela n'est ni simple, ni facile, ni rapide.

Pour avoir de la prescience et donc une vision claire de ce qu'il peut advenir, il faut d'une part avoir beaucoup d'expérience, d'autre part beaucoup de connaissances et enfin, faire confiance à votre instinct que vous allez laisser s'exprimer en lui laissant libre-court.

Beaucoup trouvent ce genre de propos « ésotérique ». N'importe quelle maman se réveille avant les premiers pleurs de son enfant, n'importe quel policier sait repérer d'un seul coup d'œil et sans même le chercher la personne suspecte dans une foule. Soyez à l'écoute de votre instinct et cela se déroule dans la partie inconsciente de votre cerveau dont la maîtrise et la compréhension peuvent vous ouvrir des champs inconnus.

L'ébranlement du marché financier

Trump publie cet ouvrage en 2009, en pleine crise des subprimes et déroute immobilière aux États-Unis.

C'est la raison pour laquelle il rappelle cette règle simple :après la pluie, le beau temps, et inversement.

« Souvenez-vous que les choses sont cycliques, alors cultivez la résilience, soyez patient, soyez créatif et restez positif. La réinvention peut être une bonne chose pour tout le monde. »

Ne laissez jamais le découragement vous gagner, et pour être sûr de ne pas perdre face à la tentation du découragement, soyez résilient.

Pour être résilient, il faut être prévoyant.

Cela veut dire que quand il fait beau, on rentre le foin à l'étable pour les jours froids.

Cela veut dire que l'été, on ramasse des noisettes pour l'hiver.

Cela veut dire que même si l'on ne sait pas pourquoi, ni quand exactement les choses se gâteront, nous savons néanmoins qu'elles se gâteront un jour, puis qu'elles iront mieux un autre. Le tout est de pouvoir tenir quand on plonge. Cela évidemment se prépare.

L'alphabétisation financière

Pour ce chapitre, Trump cite Ayn Rand, auteur de *La grève* que je vous invite évidemment à lire.

« La richesse est le produit de la capacité d'un homme à réfléchir. »

Voilà le constat sans appel que dresse Trump dans ce chapitre. « J'ai été stupéfait de découvrir combien les gens ignorent tout des fondements de la sphère financière. Les capitaux propres, les marchés émergents, la gestion des avoirs, les produits financiers, les fonds communs de placement, les fonds spéculatifs, les annuités, les stock-options, les bons du Trésor et les emprunts devraient être des notions familières au moment de l'entrée au lycée. Il y a là une grosse négligence du système éducatif. »

En France, il est encore plus de bon ton, au-delà même de l'ignorance financière, que de se montrer très détaché vis-à-vis de l'argent. Oh lalala, je ne veux surtout pas savoir comment gagner de l'argent ou gérer mon patrimoine ni même le faire fructifier. Cela est sale, immonde, et ferait de mois un abject capitaliste.

Je vous laisse vous reporter à la première partie que j'ai intitulée « Se réconcilier » si vous avez encore quelques remords d'ordre politico-moraux-religieux qui étouffent votre esprit.

Vous n'avez rien à attendre de l'école ni vous, ni évidemment vos enfants, puisque les maîtres en France, de l'école maternelle au lycée, savent tous une chose... être à l'abri de l'argent et de la richesse, par idéologie politique de surcroît, ils véhiculent auprès de nos enfants ce qu'il y a de plus limitant et de plus bridant pour le développement personnel et financier des masses.

Votre apprentissage « financier » ne peut donc pas passer par l'école, et vous avez intérêt à entretenir sérieusement vos enfants de ce genre de sujets financiers.

Comme le dit Trump, « un homme affamé s'en rend immédiatement compte : s'il avait de l'argent, il n'aurait pas faim. »

Un ouvrage qui permet d'introduire toutes ces notions d'alphabétisation financière est le livre *Père riche, Père Pauvre* de Robert Kiyosaki.

La destinée

« Chaque individu a une place à tenir dans le monde et y est important, à certains égards, qu'il ait choisi ou pas de l'être » Nataniel Hawthorne

Croyez-vous en votre « destin » ou pas... Difficile question pour certains. Évidence pour d'autres.

« Planifier soigneusement votre chemin vers le succès est un moyen sûr d'atteindre vos buts, et cette approche ne devrait jamais être sous-estimée. Souvenez-vous juste que vous devez être patient et persévérant, et qu'il peut y avoir des retards et des détours sur la route. J'ai attendu pendant vingt ans avant de voir certaines choses se produire, mais cela valait la peine, et j'ai dû changer de cap un certain nombre de fois jusqu'à ce que les pièces du puzzle s'imbriquent parfaitement. La destinée a un rôle à jouer dans votre vie et dans les affaires. »

Trump vante, dans cette partie, la nécessité d'avoir un plan et de planifier aussi précisément que possible votre chemin tout en restant flexible, ce qui peut sembler totalement contradictoire. Et c'est pourtant toute la différence subtile entre persévérance et obstination.

Chaque réussite est le point de départ de la suivante

« Les personnes les plus efficaces sont celles qui se motivent elles-mêmes, qui sont naturellement curieuses et auxquelles on n'a pas besoin de dire ce qu'il faut ensuite faire. Apprenez à être ce genre de personne. Les entrepreneurs sont poussés par leur propre force intérieure et c'est une bonne manière de vivre comme de concevoir sa vie. »

Le succès se construit jour après jour, pas après pas. Le succès est un processus de longue haleine, contrairement à ce que l'on peut croire quand on regarde uniquement le résultat ! Ces acteurs assis dans la salle qui d'un coup sont appelés à recevoir leur César ou autre Golden machin, le succès semble brutal et immédiat aux spectateurs. Celles et ceux qui connaissent enfin le succès savent, eux, combien le chemina été long avant cet instant-là.

Vient un temps où il faut aller de l'avant

« Apprenez à vous observer et à évaluer vos capacités. Je dis parfois à des gens qu'ils ne sont pas taillés pour être des entrepreneurs parce que c'est le cas. Certains le sont, d'autres non : vous gagnerez beaucoup de temps et éviterez de nombreuses privations si vous pouvez vous rendre compte de cela. »

Ces affirmations trumpiennes sont loin d'être simplistes. L'homme a un terrible défaut : il ne veut pas voir ni s'avouer ses faiblesses, il est nettement plus confortable de se mentir.

Le succès et la richesse viendront à ceux qui ne se mentent pas, s'acceptent comme ils sont, et vont d'une part travailler sur leurs faiblesses et savoir les prendre en compte pour s'orienter là où cela sera compatible avec ce qu'ils sont.

Si vous êtes un pétochard fini, ne vous lancez pas dans la grande aventure de la création d'entreprise. Vous en perdriez le sommeil dès la première semaine !

Ne vivez pas d'illusions même si elles vous sont douces et agréables.

Entourez-vous des meilleurs

Méfiez-vous de la nature humaine, parfois imprévisible, des désordres qui ne se voient pas toujours immédiatement, soyez très méfiant et ne tenez rien pour acquis.

En une phrase ? N'oubliez pas ce principe. Le problème c'est les autres... mais la solution c'est également les autres.

Essayez de vous entourer des meilleurs, et les meilleurs vous poussent à être encore meilleur, mais ne soyez pas naïf, et soyez toujours attentif et dans le contrôle. Ne lâchez jamais la bride.

Développez un tempo lorsque vous travaillez

« Le PDG d'une entreprise est comparable à un général : il doit assumer des responsabilités et rendre ses troupes confiantes. Mais on peut aussi le voir comme un chef d'orchestre. Un orchestre est composé de différentes sections, de nombreux instruments et musiciens. Lorsque tout fonctionne en harmonie, l'orchestre est exceptionnellement bon. Le chef d'orchestre est responsable du tempo, du travail d'équipe, de la représentation – cela ressemble beaucoup à la bonne tenue d'une entreprise »...

Parlons donc de la musicalité de l'effort ! Donner le tempo, c'est donner le rythme. Chaque matin, dans les usines, dans les centres d'appels, dans des milliers d'entreprises à travers le monde, vous avez des managers qui font des réunions pour démarrer la journée, pour « lancer » la journée.

Nous « vibrons », un chef doit savoir faire « vibrer ». Votre rythme doit être soutenu et plus élevé que celui de vos collaborateurs (ce qui est rarement difficile) et cela les oblige à vous suivre et à élever leurs standards.

Cela n'a rien de personnel, ce sont les affaires

L'un des chapitres les plus faciles à résumer... « Faire des affaires, c'est faire de l'argent. »Et n'ayez pas de crainte d'en faire à partir du moment où vous le faites avec la bonne manière, c'est-à-dire avec éthique, morale et réputation.

Pensez comme un génie !

« Ne vous sous-estimez pas et sachez que vous êtes capable d'affronter ce qui se présentera sur notre chemin.

Améliorer votre niveau en apprenant à penser comme un génie et souvenez-vous de ces mots d'Einstein : celui qui n'a jamais fait d'erreur n'a jamais rien essayé de nouveau. »

Commencez par croire en vous et à vous autoriser à penser par vous-même. Cela est nettement plus compliqué qu'il n'y paraît.

D'abord, nous pensons, vous pensez comme la télé dit de penser, ou comme les profs nous ont appris à penser, ou comme nos collègues et copains pensent... Ensuite, aller à l'encontre de la pensée dominante n'est pas franchement confortable, ni la meilleure façon de réussir sa carrière !

Imaginez le déjeuner du midi avec les 30 collègues et le chef de service. Tout le monde est d'accord pour dire que vraiment tel truc et le meilleur des trucs... Vous pensez l'inverse. Il y a peu de chance que vous l'exprimiez, et face à votre solitude, vous risquez même de revoir votre point de vue pour le faire coller à celui de la grande majorité.

Penser comme un génie commence par s'autoriser à penser et à penser comme on le souhaite. Les pensées « géniales » ne sont jamais conventionnelles, jamais. Elles sont donc toujours inconfortables socialement.

Pensez de manière positive

Nous allons y revenir plus longuement dans la partie consacrée à l'ouvrage *La magie de voir grand*, mais c'est évidemment un principe de base.

Si vous comptez le nombre de pensées négatives journalières, vous seriez sidéré, il faut dire que les « autres » déchargent une négativité permanente ! !

Découvrez votre vocation et vivez-la !

La vie est une série de découvertes. Elle commence ainsi et, avec un peu de chance, devrait se poursuivre ainsi.

Si le travail est si difficile pour beaucoup, c'est qu'il ne leur procure aucun plaisir. « Faites ce que vous aimez et vous n'aurez plus à travailler un seul jour de votre vie »…Entendons-nous bien, vous travaillerez, vraisemblablement beaucoup plus d'ailleurs, mais vous ne souffrirez plus !

Vous devez être votre travail. Tant que nous ne sommes pas au travail ce que nous sommes dans la vie, il n'y a pas d'épanouissement total ni de succès réel possible.

Connaissez-vous votre public ?

« L'une des clés du succès est de savoir d'où viennent les gens qui vous font face.»Connaissez votre client, votre prospect, votre recruteur, si vous connaissez votre public vous avez évidemment une longueur d'avance.

C'est l'une des règles de base du commerce et de l'art de la vente.

Construire votre réputation

Responsable, professionnel et loyal... Voilà les mots sur lesquels, selon Trump, il faut construire sa réputation.

Construire votre réputation sera long et difficile et le moindre faux pas peut tout gâcher, c'est donc très exigeant.

Plus je travaille, plus je suis chanceux

Tous ne fonctionnent pas comme nous l'espérons, et certains ont plus de chance que d'autres. Mais une excellente manière de suivre le chemin qui vous mènera au succès est simplement de travailler dur, d'être assidu et de regarder ce que vous avez pour vous plutôt que de regarder ce que vous n'avez pas.

Comment devenir riche

La réponse est simple : si votre idée est juste de devenir riche, il y a peu de chance que cela fonctionne, car évidemment vous n'avez aucun plan sérieux pour arriver à un tel résultat.

« La passion est un combustible incroyable. »

Sans passion, pas de travail agréable possible, donc pas de capacité de travail importante envisageable. Quand on n'est pas passionné on termine rapidement démotivé et sans envie. Votre énergie diminue, vous vous sentez faible, fatigué...

Vous ne deviendrez riche que si vous êtes passionné ! Et c'est plutôt une règle naturelle vertueuse.

Le problème encore une fois est pour ceux qui souffrent d'un manque complet de passion. Une seule réponse : cherchez ce qui vous plaît... jusqu'à ce que vous trouviez.

Ce que quelqu'un qui a réussi a besoin de connaître, en plus des affaires

« *Être brillant n'est pas une grande prouesse si vous ne respectez rien* » Goethe

Quand on est passionné, on est engagé et persévérant. Quand on est engagé suffisamment longtemps, le succès est au rendez-vous, peu importe ce qui est un succès pour vous, chacun en ayant sa définition.

Ce succès n'a de sens que si vous en faites quelque chose de bien et de bon. Un succès sans éthique sera un succès sans saveur, et un succès sans saveur est un succès sans bonheur.

La vie est infiniment plus morale que ce que l'on peut croire quand on en comprend certains mécanismes.

L'homme le plus riche de Babylone. Les enseignements d'Arkad

Voici donc la synthèse et le résumé des 7 moyens de devenir riche selon Arkad, l'homme le plus riche de Babylone. C'est évidemment une fable et ceci n'est pas une histoire vraie bien qu'un homme comme Arkad ait forcément existé, car il y eut bien l'homme le plus riche de Babylone. Les enseignements de ce livre n'en restent pas moins pertinents.

Il va évidemment falloir les adapter à notre époque, car nous n'évoluons plus tout à fait dans le même environnement. Justement, cela donne lieu toujours à des réactions qui montrent que parfois c'est difficile de comprendre et d'adapter une solution à de nouveaux contextes.

Voici le commentaire « défaitiste » posté par Dijii67 sur le site *Insolentia*.

« Le problème, avec cette histoire, c'est le troisième pilier qui ne fonctionne plus aujourd'hui !

Le troisième pilier dispensé par Arkad fut d'apprendre aux gens à faire fructifier leur or. Il ne suffit pas de garder l'or que l'on gagne pour s'enrichir, car l'or que l'on thésaurise ne rapporte rien. La richesse d'un homme n'est pas, pour Arkad, dans sa bourse, mais dans le revenu qui continue à croître, quelle que soit votre occupation du moment.

Chacun doit donc faire fructifier son épargne en l'investissant tout en préservant son capital. L'argent doit travailler pour vous. »

C'est vrai qu'aujourd'hui, dans un contexte de taux presque 0 où un livret A est limité à 25 000 euros qui rapporteront au mieux 0,75%, on est effectivement à l'abri de l'argent.

Arkad et tous les autres ne vous diront pas que c'est facile d'avoir de nouvelles sources de revenus.

D'ailleurs, tout le monde oublie la fin de l'ouvrage d'Arkad. Et si l'ouvrage se termine sur cette fable, ce n'est pas un hasard. C'est l'une des règles les plus importantes, avant même tous les autres principes de richesse que l'on pourra tenter de vous enseigner ou d'apprendre. Il peut sembler évident, et il l'est. Mais que quelque chose soit évident ne signifie pas que cette chose soit facile. Elle est, au contraire, aussi évidente qu'elle est difficile.

La parabole du « Plus chanceux des Babyloniens ».

Sharru Nada, le prince marchand de Babylone, avançait fièrement à la tête de sa caravane.

Il ramenait de Damas un jeune homme, Hadan Gula, le petit fils de son ancien partenaire, Arad Gula, à qui il vouait une gratitude infinie.

« Pourquoi travaillez-vous si dur, lui demande Hadan Gula, faisant toujours de longs voyages avec votre caravane ?

- Si j'avais votre fortune, je dépenserais mes shekels à jouir de la vie. Le travail est fait pour les esclaves. J'ai toujours voulu vivre à Babylone, la ville où mon grand-père a fait sa fortune. Hélas, mon père et moi, ne connaissons pas son secret pour attirer les shekels d'or. »

Sharru Nada ne répondit pas. Trois vieillards labouraient un champ, et il les reconnut.

« Il y a quarante ans, ils retournaient le même champ. Le bon vieux Meggido, enchaîné avec moi, s'était moqué d'eux.

- Avez-vous dit que Meggido était enchaîné avec vous ? demanda Hadan Gula surpris.

- Oui, nous portions un collier de bronze autour du cou, et une lourde chaîne nous reliait l'un à l'autre. J'ai été esclave, mon frère avait tué son ami, et j'ai été asservi à sa veuve pour éviter des poursuites légales. Quand mon père n'a pas pu payer ma libération, la veuve m'a vendu au marchand d'esclaves.

Meggido me disait qu'il aimait travailler, car le travail lui avait apporté de bonnes choses.

Il nous fallait dire que nous faisions du bon travail pour un bon maître. Ainsi, nous aurions une chance d'être achetés dans de bonnes conditions, et sans être battus.

Certains hommes détestent le travail, en font leur ennemi. Meggido, lui, en avait fait son ami et il me fit promettre que, si j'avais un maître, je travaillerais aussi dur que possible.

Un fermier s'approcha de nous, et nous regardait d'un œil intéressé. Meggido l'interrogea sur sa ferme et ses récoltes, et le convainquit qu'il lui serait d'une grande utilité. Il suivit bientôt son nouveau maître et disparut.

Un gros homme se dirigea vers nous, et demanda s'il y avait un pâtissier parmi nous. Je lui soumis l'idée qu'avec ses compétences, il pourrait me former, et que, comme j'étais jeune et que j'aimais travailler, je ferais de mon mieux pour garnir sa bourse d'or et d'argent.

À ma grande joie, le marché fut conclu avec le marchand d'esclaves, et je m'éloignais avec Nana-naid, mon nouveau maître.

Il m'enseigna comment moudre l'orge, comment monter un feu dans le four, comment pétrir le pain, et faire des gâteaux au miel.

Puis, je lui proposai de vendre des gâteaux aux hommes affamés de la ville, ce sur quoi Nana-naid accepta de me reverser une petite part des bénéfices.

Me promenant chaque jour avec mon plateau, j'ai rapidement trouvé des clients réguliers. Et Nana-naid, bien content de mon succès, me donna volontiers ma part de gains, que je conservais dans un sac.

Meggido avait raison de dire qu'un maître apprécie le bon travail de ses esclaves.

Un de mes clients n'était autre que ton grand-père, Arad Gula, qui apprécia mon dynamisme, mon goût du travail bien fait et ma volonté d'économiser.

Il devint mon ami, et bien plus tard, après bien des aventures, je le retrouvai. Il m'attendait dans la cour de la maison de mon maître. Il m'embrassa comme un frère, et m'annonça qu'il avait besoin d'un partenaire pour ses affaires à Damas, tout en brandissant une tablette d'argile portant mon titre.

Mes yeux se remplirent de larmes de reconnaissance envers Arud Gula. Grâce à lui, j'étais un homme libre.

Tu vois, le travail, au moment de ma grande détresse, s'est avéré mon meilleur ami. »

Alors Hadan Gula posa la question :

« Est-ce que le travail était la clé secrète des shekels d'or pour mon grand-père ? »

- C'était la seule clé qu'il avait quand je l'ai connu, répondit Sharru Nada. Les dieux ont apprécié ses efforts et l'ont récompensé. »

- J'ai toujours espéré être un homme comme mon grand-père, lui confia Hadan Gula. Je n'avais jamais compris quelle sorte d'homme il était. Vous me l'avez montré. Je

l'admire d'autant plus et me sens déterminé à devenir comme lui. »

Vous comprendrez que le succès du plus chanceux des Babyloniens n'avait rien à voir avec la chance, que son secret, sa clef, c'est le travail.

Une quantité de travail que peu comprennent.

Il ne s'agit pas de travailler 35 heures, de penser à ses prochaines vacances et de profiter de ses RTT. Le succès demande un travail monumental, colossal, permanent.

70 heures par semaine, 7 jours sur 7 et chaque jour que Dieu fait, le travail est permanent, total. Votre engagement n'est pas à 90% ou même à 100%, l'engagement pour la victoire ou pour la réussite doit être de 110% !

Je peux comprendre que le travail, quand il n'est pas aimé, soit dur. Parce qu'il est dur, la motivation est faible.

Réussir implique de travailler plus rudement que l'écrasante majorité ne l'a jamais imaginé et ne se donnera la peine de le faire.

Nous comptons souvent, trop souvent nos efforts. Bien sûr il est compréhensible d'optimiser ses efforts et d'ailleurs, ceux qui réussissent travaillent considérablement leur productivité personnelle, mais ils « travaillent » tout le temps, parce qu'ils sont ce qu'ils font.

C'est cela qu'Arkad explique à ce jeune homme pour qui le travail reste une « torture » et la réussite de son grand-père, un mystère. Le grand mystère, le grand secret, c'est un effort constant, permanent, pendant des années, le secret c'est épargner constamment, en permanence, pendant des années... Et au bout du compte, sur la durée d'une vie, la différence est tout simplement considérable et ébouriffante.

Passons au résumé des 7 moyens qui permettent selon Arkad de remplir une bourse vide maintenant que vous savez que sans travail... point de salut. Vous pouvez toujours appliquer tout ce que vous voulez, si vous êtes un paresseux, vous n'arriverez pas à grand-chose.

Les sept moyens de remplir une bourse vide

Dans la grande salle du temple de la connaissance du roi, 100 personnes choisies étaient prêtes à écouter Arkad.

« À vous qui êtes devant moi, j'expliquerai, chaque jour pendant sept jours, les sept moyens de garnir une bourse vide. »

➤ *Le premier moyen*

Épargnez !

Arkad demanda à chacun quel était son métier.

« Parce que vous avez tous un travail et un salaire, vous avez les avantages que j'avais pour réussir. Vous voyez

qu'il y a plusieurs emplois grâce auxquels les hommes peuvent gagner de l'argent. Chacune des façons d'en gagner est un filon d'or dont le travailleur doit détourner une partie dans sa propre bourse.

Si chacun d'entre vous veut acquérir une fortune, n'est-il pas sage de commencer à utiliser cette source de richesse déjà établie ? »

Arkad s'adressa au marchand d'œufs :

« Si vous choisissez un de vos paniers et y mettez chaque matin dix œufs et en retirez neuf tous les soirs, qu'arrivera-t-il ?

- Un jour viendra où il débordera, parce que tous les jours, je mets un œuf de plus que j'en retire, répondit le marchand.

- Voilà, chers étudiants, le premier moyen que j'ai découvert pour garnir une bourse vide, c'est de faire ce que j'ai suggéré pour les œufs, pour chaque dix pièces que vous récoltez, n'en dépensez que neuf. »

> ➢ **Le deuxième moyen**

Contrôlez vos dépenses !

« Chers étudiants, certains d'entre vous m'ont demandé comment économiser le dixième de ses gains, s'ils ne suffisent pas à couvrir les dépenses obligatoires.

Vous avez tous votre bourse peu remplie. Pourtant, vous ne gagnez pas tous la même chose. Certains gagnent beaucoup plus que d'autres, certains ont plus de bouches à nourrir.

Je vais vous dire la vérité : les dépenses dites obligatoires augmentent toujours en proportion de notre revenu.

Ne confondez pas dépenses obligatoires et vos désirs. Vous avez, avec votre famille, toujours plus de désirs que vos gains ne peuvent satisfaire. Tous les hommes ont des désirs qu'ils ne peuvent satisfaire.

Étudiez attentivement vos habitudes de vie et vous découvrirez que la plupart des dépenses acceptées comme obligatoires pourraient être réduites ou éliminées.

Choisissez les dépenses qui sont vraiment obligatoires et celles qui sont possibles à l'intérieur des neuf dixièmes de votre revenu. Laissez le dixième qui grossit votre bourse être votre grand désir qui se comble. Le but du budget est d'aider votre bourse à grandir.

Voici donc, chers étudiants, le deuxième moyen de garnir votre bourse. Budgétez vos dépenses de manière à payer vos dépenses inévitables et vos loisirs, sans dépenser plus que les neuf dixièmes de vos gains. »

➤ **Le troisième moyen**

Faites fructifier votre or.

« *Voilà que votre fortune s'accumule. Vous avez contrôlé vos dépenses pour mettre de côté le dixième de ce que vous gagnez. L'or conservé dans une bourse contente celui qui la possède, mais ne rapporte rien.*

Voyons comment mettre votre or au travail.

Mon premier investissement profitable fut un prêt que j'accordais à Aggar, un fabricant de boucliers. Il achetait chaque année de grandes quantités de métal pour fabriquer des armes, et comme il n'avait pas assez de capitaux pour payer les marchands, il empruntait à ceux qui en avaient.

Chers étudiants, la richesse d'un homme n'est pas dans l'or de sa bourse, elle se trouve dans le revenu qui continue à rapporter, que vous soyez au travail ou en voyage.

Voilà que mes humbles gains avaient engendré un tas d'esclaves dorés, tous travaillant et gagnant plus d'or.

Voilà donc le troisième moyen de remplir sa bourse : mettre chaque pièce au travail pour qu'elle se reproduise et faire de votre revenu le ruisseau de la richesse qui continuera à alimenter votre fortune. »

➢ **Le quatrième moyen**

Protégez votre trésor contre la perte.

« *Le premier principe de l'investissement consiste à assurer la sécurité de votre capital.*

Étudiez soigneusement la situation avant de vous séparer de votre trésor, assurez-vous qu'il puisse être réclamé en toute sécurité.

Avant de prêter votre or à n'importe qui, assurez-vous que votre débiteur est capable de vous rembourser et qu'il a une bonne réputation à cet effet.

Voici donc le quatrième moyen de garnir votre bourse, protégez votre trésor contre la perte en investissant seulement là où votre capital est en sécurité, où il peut être réclamé au moment désiré, et où vous toucherez un intérêt convenable.

Consultez les hommes sages qui sont expérimentés dans la gestion rentable de l'or. »

➢ **Le cinquième moyen**

Faites de votre propriété un investissement rentable.

« Trop de familles vivent dans des quartiers malfamés, et paient aux propriétaires des loyers trop élevés pour des pièces sans espace.

Une famille a besoin d'un terrain où planter de bonnes herbes pour la cuisine, et où les enfants puissent jouer.

Quel contentement de manger les figues et les raisins de son jardin !

Je recommande que chaque homme possède un toit pour loger sa famille.

Chers étudiants, vous pouvez emprunter de quoi fabriquer votre maison et quand elle est bâtie, vous payez le prêteur avec la même régularité que vous payez votre loyer. Après quelques années, vous possèderez une propriété de valeur, sans plus rien avoir à payer sinon les taxes du roi.

Voici donc le cinquième moyen de garnir votre bourse, posséder votre propre maison. »

➢ **Le sixième moyen**

Assurez-vous un revenu pour l'avenir.

« La vie de chaque homme se déroule de l'enfance jusqu'à la vieillesse. Il appartient à l'homme de prévoir un revenu convenable pour les jours où il ne sera plus jeune, et où il ne pourra plus réconforter sa famille et subvenir à ses besoins.

On peut acheter des maisons et des terres dans ce but. Si elles sont judicieusement choisies, elles ont une valeur qui s'accroît, et leurs bénéfices ou leur vente rapporteront conformément aux objectifs fixés.

On peut aussi verser un petit versement régulier au prêteur, qui avec le temps et les intérêts produira de profitables résultats.

Voici donc le sixième moyen de garnir votre bourse, prévoyez des revenus pour plus tard, et assurez la protection de votre famille. »

> **Le septième moyen**

Augmentez votre habileté à acquérir des biens.

« Un jeune homme vint me voir pour emprunter en me disant qu'il ne gagnait pas assez d'argent pour faire face à ses dépenses. Je lui rétorquai qu'il n'était pas un bon client pour le prêteur.

Il me dit que son employeur ne pouvait pas l'augmenter.

Bien que simpliste dans son idée, il avait en lui le grand désir de gagner plus, un désir juste et souhaitable.

Le désir doit précéder l'accomplissement. Vos désirs doivent être forts et bien définis. Des désirs vagues ne sont que de faibles souhaits. Le seul désir d'être riche n'a aucune valeur.

L'homme qui désire acquérir cinq pièces d'or a un désir tangible qu'il peut réaliser. Une fois ces cinq pièces acquises et mises en sécurité, il peut trouver des moyens semblables pour obtenir dix pièces, puis vingt, puis plus tard mille pièces d'or.

Et voilà qu'il est devenu riche.

Les désirs doivent être, au départ, petits et clairement définis. S'ils sont trop nombreux, confus, ou au-dessus des forces de l'homme, c'est l'échec assuré.

Voilà comment l'homme apprend et devient plus habile.

Donc, le septième et dernier moyen de faire fortune consiste à cultiver ses facultés intellectuelles, à étudier et à devenir plus sage et plus instruit, à agir en se respectant soi-même.

Voilà les sept moyens de faire fortune, tirés d'une longue et prospère expérience de vie.

Allez de l'avant et mettez en pratique ces vérités, prospérez et devenez riches.

Allez de l'avant et enseignez ces vérités à tous les honnêtes sujets de Sa Majesté, qui partageront les grandes richesses de Babylone. »

Voilà mes amis, vous connaissez les 7 moyens de devenir « riche », et plutôt que riche disons d'atteindre les fameux 70 000 dollars de revenus par an qui vous assurent le meilleur niveau de bonheur parce que vos besoins matériels sont comblés, parce que l'argent n'est plus pour vous un problème.

Encore une fois, rien ne sera facile, et le plus compliqué sera de trouver ce qui est fait pour vous et la manière dont vous pourrez vivre de ce qui déclenche chez vous un véritable plaisir.

Bénis soient ceux qui savent ce qu'ils aiment dès leur plus jeune âge, les choses ne sont pas faciles pour eux, elles... sont d'une simple évidence !

Prenez l'exemple de mon copain d'enfance qui voulait devenir pompier ! C'était son rêve, un beau rêve d'ailleurs, et vous savez quoi ? Il est devenu pompier et ne travaille pas un seul jour de sa vie. Il fait ce qu'il a toujours voulu faire. Il est riche, car pour lui, l'argent n'est pas un problème, il a une solde qui lui convient. Pas de quoi s'offrir un jet privé dont il n'a que faire, mais riche d'un métier et d'un travail qui est un plaisir. C'est la même chose pour tous ceux qui rêvaient d'un métier et qui ont pu l'exercer.

C'est nettement plus difficile pour ceux qui ont du mal à trouver leur voie. Réfléchissez encore et encore. Jusqu'à trouver.

Pour le reste, mettez de côté dès que vous le pouvez pour vous constituer une épargne qui doit vous servir d'effet de levier afin de vous constituer des sources de revenus complémentaires. Faire cela nécessite de gros efforts personnels et beaucoup de travail.

Nous sous-estimons considérablement le niveau d'engagement de travail nécessaire pour « réussir ».

La magie de voir grand

La magie de voir grand de David Joseph Schwartz.

C e livre n'est plus tout jeune. Il est même vieux. Pensez donc... Il a été écrit en 1959, les tablettes n'existaient pas franchement et Internet non plus.

Nous pourrions croire que cet ouvrage n'est plus d'aucune utilité, pourtant les principes énoncés et les conseils qui y sont donnés sont largement valables.

Je vous invite à acheter ce livre, enfin pour ceux qui ont envie de comprendre comment on chemine sur les routes de la réussite, et c'est valable pour nos adolescents à qui nous devrions enseigner dès le lycée ces compétences et cette approche.

Vos pensées sont trop petites !

Je ne vais pas vous dire que vous pensez mal, mais que nous pensons tous trop petit !

Aucun reproche, encore une dure constatation qui a ses propres explications parfaitement rationnelles.

Vous vous souvenez des exemples vécus par mes enfants à l'école ? Dès notre plus jeune âge, nous sommes formatés à penser petit. Tout petit.

D'ailleurs, notre langage est petit, tout petit lui aussi. « On se fait une petite bouffe », « on va partir un peu en vacances », oh... et si « on s'achetait un petit tableau », tiens d'ailleurs, vous savez, on s'est acheté une « petite maison à la mer »... Il ne faut surtout pas dire qu'elle est grosse ou belle, ce serait trop positif.

Pourtant, nous sommes les mots que nous prononçons. Nous façonnons nos âmes avec nos mots qui nous enferment dans la « petitesse » au lieu de nous faire voir grand.

Je veux que nous achetions un grand tableau... Ma femme me dirait « chéri, tu n'as pas de mur assez grand pour cette toile », ce à quoi il faudrait que je lui réponde, « qu'à cela ne tienne, changeons de maison, et achetons le château d'à côté »... Ce à quoi ma tendre épouse me répondrait « tu n'aurais pas l'air fin à jouer le châtelain, j'en rigole d'avance de voir ta tête quand il faudra faire le plein de la chaudière de ton palais »... Résultat, nous achèterons le petit tableau. C'est dur de voir grand, très dur, pourtant, c'est le début du succès !

Ceci est valable pour tout, de votre vie personnelle à la gestion de la citée. Napoléon ne veut pas un petit pays, avec un petit peuple, pour manger un petit repas, avec une petite armée, et une toute petite économie.

Il veut un empire, le plus grand, de grandes lois et le code civil en sera une, il veut une grande organisation, un grand peuple, une grande armée, il nourrit de grandes ambitions. Les critiques de Napoléon diront que voir grand pour de grands massacres ce n'est pas mieux que de voir petit !Tout dépend donc de ce que vous en ferez. Nous sommes bien d'accord sur cela, et ce n'est pas une excuse suffisante pour ne pas voir grand ou refuser de voir les choses en grand.

Il n'y a rien de plus optimiste que de nourrir de grandes ambitions, pour vous, pour vos proches et ceux que vous aimez. Nourrir de grandes ambitions pour une nation est aussi une bonne chose, comme le roi de Babylone le faisait. Ainsi va le sens de l'action publique et le respect du bien commun.

Être ambitieux ne veut pas dire faire n'importe quoi, ou l'être à tout prix. Nous le savons tous, et nous savons tous, quand nous faisons le mal ou le bien. Nous le ressentons.

Pour voir grand, nous avons vu qu'en réalité, il faut se dépouiller aussi de certaines fausses croyances, ou de mauvaises compréhensions concernant la richesse ou le succès. Si vous restez collé avec tout ce qui empêche d'avancer, vous resterez désespérément immobile.

Se mettre en mouvement est ce qu'il y a de plus difficile, mais si vous ne le faites pas, personne ne le fera à votre place.

Un élément qui aide considérablement, c'est évidemment la confiance en vous. Peut-être que vous pensez que pour vous, c'est déjà trop tard. C'est faux. Il n'est jamais trop tard. En revanche, cela doit nous inciter à avoir un grand souci de la confiance en soi que l'on donne à nos enfants pour qu'ils « gagnent » du temps dans la vie.

L'inverse de la confiance ce n'est pas le manque de confiance. C'est la modestie. La fausse modestie. Il faut être fier de soi et de ses réussites. La modestie est une tannée... parce que donc sa compréhension générale, elle vous impose socialement de ne pas sortir du lot, de ne pas vous mettre en avant, de ne pas prendre le risque de « vexer »... Il ne faut pas confondre la modestie et la simplicité ou l'humilité.

La modestie c'est la modération, la « retenue dans l'appréciation de soi-même »... C'est donc la négation de la confiance en vous mes amis. Fuyez la modestie comme la peste, c'est une valeur d'enseignants et de profs, idiots utiles du système et de l'éducation, qui pensent qu'en apprenant à nos enfants à se retenir dans l'appréciation d'eux-mêmes ils leur rendent service.

Rien n'est plus faux.

Ne soyez jamais modeste. Être modeste, avoir une maison modeste, un patrimoine modeste, ou une culture générale modeste, c'est évidemment voir petit, dans toutes les phrases où vous utilisez le mot « modeste », vous pouvez le remplacer par le mot « petit » sans que cela ne pose de problème.

Je préfère et de loin à la modestie, la simplicité et l'humilité, deux valeurs qu'il nous faut faire grandir en chacun de nous à commencer par nos enfants.

La simplicité, en revanche, vous permet d'être libre par exemple vis-à-vis des choses ou de la possession, et c'est une immense qualité que nous cultivons jour après jour avec mon épouse. La simplicité c'est aussi conserver la capacité à s'émerveiller. La simplicité accueille également les autres sans faire de hiérarchie. La simplicité est une sincérité sans détour, et un dépouillement à l'égard de toute forme de luxe.

Si nous voulons parler de développement « durable » ou « soutenable », nous devons évidemment parler de simplicité volontaire (ce n'est qu'un exemple).

Concernant l'humilité, c'est le sentiment de sa propre insuffisance qui pousse à réprimer tout mouvement d'orgueil. Nous sommes, vous êtes, je suis profondément imparfait. Je peux comprendre les imperfections de l'autre, sans pour autant en être satisfait. L'humilité me permet aussi d'éviter les dangers de l'égo et quand on parle de « richesse », pécher par orgueil vous mettra à l'abri de l'argent !

Les autres ont souvent de très nombreuses choses à vous apprendre. Cela en est surprenant.

Alors logiquement, David Joseph Schwartz va consacrer une partie importante à la confiance en soi. Ce sera même son premier chapitre et sa première partie intitulée :

Pour réussir, il suffit de croire.

Cela peut sembler très simpliste, mais si vous ne vous faites pas confiance, si vous partez du principe que vous n'arriverez jamais à rien, vous n'initierez jamais rien et effectivement, vous n'arriverez nulle part.

En économie, on appelle cela les prédictions auto réalisatrices.

Je suis nul, je ne vais pas essayer, donc je ne réussis jamais, forcément... Je suis nul. CQFD.

Il faut donc casser ces cercles vicieux et les gens qui réussissent cultivent leur confiance en eux.

Votre degré de confiance est directement relié et proportionnel à votre degré de réussite. Grosse confiance, grosse réussite !

Alors comment puis-je faire pour avoir confiance en moi ?

L'auteur vous expliquera qu'il faut vous conditionner l'esprit en chassant vos idées noires d'échec avec des exercices du type « Je vais gagner, je vais réussir ». Plusieurs fois par jour, dites-vous à haute voix, « Je suis le meilleur, je réussis tout ce que j'entreprends, je suis le N°1 dans mon domaine ... »

Est-ce que cela fonctionne ? Oui... mais !

Vous dire que vous êtes le meilleur en tennis si vous ne faites que vous le répéter devant le miroir sans jamais aller taper la balle en vrai, cela ne vous mènera nulle part. Vous et moi savons que vous resterez toujours aussi nul en tennis !

Parce que pour réussir il faut du travail ! De l'entraînement. Bossez, bossez encore, bossez dur, et du travail et de l'entraînement naît la maîtrise. De la maîtrise naît l'assurance. De l'assurance vient la confiance.

Oui vous devez croire que c'est possible, si vous partez défaitiste, en réalité, vous ne partirez pas ! Tout est effectivement possible, et il faut accepter de le penser. Tout mouvement physique provient d'une image mentale. L'esprit déplace littéralement la matière.

Dit comme cela, c'est parfois déroutant et surprenant. Pourtant, avant de marcher ou de vous mettre à courir, vous l'avez pensé... La pensée est toujours première, toute construction, toute invention, tous les mouvements ou presque sont le fruit de nos pensées. N'oubliez jamais cela. Vos pensées peuvent presque tout !

Commencez donc par remplacer vos idées d'échec par des idées de succès... et travaillez fort !

Comment échapper à l'excusite, la maladie de l'échec

L'excusite est la maladie mentale la plus grave pour la réussite. C'est même une maladie mortelle pour la réussite. L'excusite tue toute possibilité de succès.

Souvenez-vous du commentaire de notre aimable camarade lecteur que je citais au début et qui m'expliquait qu'il avait toutes les excuses du monde, et que j'étais franchement un « enfoiré de nanti » pour pense autrement et croire qu'on pouvait réussir, heureusement que j'ai hérité de millions d'euros, sinon je serais comme lui un bon à rien, la seule différence entre lui et les autres, c'est la chance. Lui n'a pas eu de chance, le pauvre, il faut le plaindre...

Ce garçon qui nous a écrit toutes ces inepties et qui y croit vraiment souffre d'excusite au stade terminal... Et pourtant, ce qui est génial c'est que même au stade terminal, l'excusite se soigne, elle se soigne par une injection massive de prise de conscience concentrée, à laquelle on ajoute en perfusion une dose massive de courage et de volonté ! Traitement et résultat garantis. Le problème c'est que prise de conscience, courage et volonté n'existent pas en bidons et en solutions liquides.

Vous n'êtes pas trop vieux.

Vous n'êtes pas trop bête.

Vous n'êtes pas trop incompétent.

Vous n'êtes pas sans la bonne éducation ou sans le bon diplôme, ou, ou, ou...

Vous devez juste changer radicalement d'état d'esprit. Un mauvais état d'esprit entraîne évidemment de mauvaises réactions et de mauvais choix.

Je vais vous donner un autre exemple. Mon fils rentre d'une semaine au camping avec le centre de loisirs. Nos gamins rentraient vendredi dernier. C'est une anecdote toute récente. Il monte dans la voiture, on se retrouve, nous sommes tous contents, et il me dit « tu te rends compte, les pauvres animateurs, ils ont une réunion ce soir pour savoir comment s'est passé le séjour, alors qu'ils sont restés une semaine au camping, franchement cela ne se fait pas »...

J'ai voulu tout de suite inscrire mon fils à la section locale de la CGT ! Plus sérieusement, il a d'abord été totalement influencé par son environnement et par ce qu'il a entendu.

Mais surtout, il a eu un exemple d'attitude négative, de mauvais état d'esprit. Si vous comptez vos efforts, si vous êtes dans un état d'esprit où vous êtes incapable d'agir avec générosité alors... vous n'arriverez pas à grand-chose !

Quand on sort d'un restaurant où le chef est généreux et l'assiette bien garnie, et l'accueil sympathique, alors on y retourne. On y retourne, car nous avons affaire à des gens qui travaillent avec générosité et passion, pas des comptables qui comptent leurs efforts pour ne pas trop se fatiguer. Quand je vous fais 60 pages, je ne compte pas mes efforts ni mon temps pour mes lettres, j'aime ce que je fais, je le fais pour vous, en y prenant un grand plaisir alors... tout va bien ! !

Brisez vos peurs : place à la confiance

Le remède contre la peur, c'est l'action.

L'inaction renforce la peur et détruit votre confiance. L'inaction fait paraître le loup plus gros qu'il n'est !

Demandez à n'importe quel militaire ou membre d'un groupe d'élite comme le GIGN ! C'est l'action et l'entraînement, et le travail et la préparation qui permettent de maîtriser les peurs.

Les peurs qui vous assaillent, vous devez les traiter. Souvent, elles viennent d'événement passés négatifs et déprimants. Basiquement... enfant vous avez failli vous noyer, alors depuis vous avez une sainte frousse de l'eau. Normal, logique. Tant que cette peur ne vous empêche pas de vivre et de vous réaliser, on s'en fiche presque.

Le jour où les peurs vous bloquent, vous ne ferez pas l'économie de régler vos vieux problèmes.

Dans tous les cas, et généralement les peurs professionnelles du type « j'ai peur de parler en public », de décrocher mon téléphone, de rencontrer un client, sont des peurs assez basiques.

Vous ne les dépasserez pas par des décennies de psychothérapie, mais en vous mettant un bon coup de pied au derrière et en passant à l'action.

Vous avez peur d'appeler... Eh bien appelez ! Les 100 premiers appels seront difficiles, progressivement tout cela deviendra naturel.

N'ayez évidemment pas peur de l'échec. Vous allez échouer, et parfois même passer pour un imbécile. Et alors ? Simplicité et humilité vous aideront à passer ce cap !

Comment voir grand

... En changeant votre perception du monde ! Et en vous forçant à voir grand en toutes circonstances, ce qui n'est ni simple ni facile.

Comment voir grand dans les situations les plus délicates de la vie ? Il y a une sorte de pouvoir magique dans le fait de voir grand. Mais ce pouvoir s'oublie facilement quand nous faisons face aux difficultés et aux vicissitudes de la vie. Sous la pression du quotidien, nos pensées rétrécissent, nos âmes rapetissent.

Lorsque vous êtes tenté de voir petit, quand vous sentez la mesquinerie vous gagner, et cela nous arrive à tous, alors ressortez le livre *La magie de voir grand*, ou relisez ces quelques lignes !

Gardez en mémoire ces 3 éléments.

1 – Vous partez gagnant lorsque vous refusez de vous battre avec des gens mesquins. Les combattre équivaut à tomber à leur niveau. Restez grand.

2 – Attendez-vous à vous faire critiquer. C'est la preuve que vous êtes en train de progresser.

3 – N'oubliez pas que les gens mal intentionnés sont psychologiquement malades. Soyez grand. Plaignez-les. Soyez assez grand pour être immunisé contre les attaques des gens mesquins.

La grande règle pour voir grand est que rien de ce qui est mesquin ne doit vous atteindre, parce que si vous laissez la négativité du monde, largement majoritaire, vous atteindre, alors vous cesserez de voir grand.

Tout ce qui est négatif vous éloigne considérablement du succès pour une raison simple : cela vient directement détruire votre énergie créatrice, votre intelligence émotionnelle et obscurcir votre âme et vos pensées.

Je contemple autour de moi plein de gens (et cela de plus en courant avec la judiciarisation de la société) monter des dossiers, plaider, parce que c'est leur « droit », ils ont « raison »…Alors ils mettent une énergie considérable à obtenir réparation parce que la clôture du voisin déborde, parce que le chêne a été mal taillé par le gland d'à côté, parce que le chien aboie trop, parce que ci ou ça… C'est une énergie considérable qui est dépensée à des fins destructrices et non… créatrices !

L'énergie négative ne vous apportera aucun bonheur et vous entraînera à voir petit et non grand. Vous croyez qu'avoir comme horizon de vie le combat avec le voisin c'est voir grand ? Vous croyez que votre énergie ne pourrait pas être mieux employée ?

J'entends des phrases du type... « Rependre une formation, tu n'y penses pas je n'ai pas le temps »...Pas le temps entre le JT de 20 heures, les 4 heures passées à regarder des séries que l'on oublie le lendemain et sans intérêt si ce n'est de vous occuper, pas le temps alors que l'on consacre des heures à écrire des lettres en recommandé pour faire valoir son bon droit dans une affaire débile !

Voir grand sera un défi de tous les jours, car tous les jours les événements de la vie vous pousseront à voir de plus en plus petit. Votre meilleur ennemi sera vous-même. Forcez-vous à voir grand, en voyant grand, vous commencez à arpenter les chemins du bonheur parce que cela vous permet de ne plus être victime des mesquineries du quotidien.

Comment penser et rêver de façon créative

Tous les jours, je me lève.

Tous les jours, je fais la même chose.

Je ne me pose aucune question.

« Je ne comprends pas comment tu fais pour être créatif ! »

Simple... Très simple. Je commence par me poser des questions ! ! !

Tous les jours, je me lève.

Tous les jours, je me demande comment je peux faire mieux, autrement, différemment, qu'est-ce qui pourrait être utile à mes lecteurs.

Un jour, un lecteur, qui n'est pas abonné à la lettre STRATÉGIES, m'a envoyé un courriel pour me dire qu'il ne voulait pas s'abonner, car je n'aurai rapidement plus rien à dire ! ! Manifestement, il a oublié la base de la créativité qui est d'interroger en permanence le monde... et les autres ! Car les autres, vos lecteurs, vos clients, vos contacts sont d'inestimables sources d'idées nouvelles qui vont venir stimuler votre esprit et votre créativité.

Vous êtes à l'image de vos pensées

C'est un peu l'histoire de la méthode Coué, mais vous êtes l'image de vos pensées. Si vous pensez mal, si vous êtes mesquin, petit, étroit, n'attendez pas obtenir de grands résultats ou accomplir de grandes choses.

Pour penser grand, il faut se penser soi-même grand et adopter l'attitude qui va avec.

Sortez des pensées négatives. Soyez toujours constructif, soyez plein d'entrain, croquez la vie, abordez chaque nouvelle journée avec envie et appétit.

Pour arriver à faire cela, chassez les pensées négatives au nombre de... 48 000 par jour... sur 60 000 ! ! ! Eh oui, même si vous pensez que rien ne se passe dans votre cerveau, c'est majoritairement des pensées très négatives.

Su le chef, la dernière réunion, et puis le temps... Les gens, en réalité, râlent tout le temps ! Il fait moche... et quand enfin il fait beau... « j'ai trop chaud, y en a marre »...

Faites l'exercice suivant.

Soyez attentif à tous les propos négatifs tenus par les gens que vous rencontrerez pendant toute une journée. C'est assez rare de parler à type qui vous dira « ouhaaa, je sors de réunion c'était géniale, le chef nous a donné une nouvelle vision du boulot »... Presque 90% de ce que vous entendrez ou que l'on vous dira sera négatif. Trop chaud, trop froid, trop mouillé, trop cher, etc., etc.

L'une des clefs du succès c'est de penser de manière positive parce que quand on pense de manière positive, on pense de façon constructive et quand on est constructif, on est créatif.

Là aussi ce processus naturel du succès est très vertueux. Évidemment que beaucoup de choses vont mal, et c'est essentiel de les voir et de les connaître justement pour éviter certains écueils, mais soyez positif – ce qui n'a rien à voir avec un optimisme béat.

Vous êtes donc à l'image de vos pensées.

Contrôlez votre environnement : vivez en première classe

Vous êtes à l'image de vos pensées et de ceux qui vous entourent ! Si vous êtes avec des gens mesquins, jaloux et méchants, vous aurez le plus grand mal à développer les qualités de gentillesse qui sont en vous par exemple.

Si vous êtes entouré de gens sans ambition, vous aurez du mal à en avoir pour vous-même. Si tout le monde voit petit autour de vous, vous aurez tendance à reproduire ce qui vous semble votre norme sociale.

C'est là l'un des principaux freins à l'évolution sociale de génération en génération et l'une des raisons pour lesquelles l'ascenseur social fonctionne également si mal.

Nous modélisons et reproduisons les comportements majoritaires et donc « normatifs » dans notre environnement. S'en extraire est très difficile et passe par l'éducation, y compris l'éducation aux sujets financiers et aux conditions du succès et de la réussite.

Pour résumer, soit vous changez vos fréquentations, ce qui n'est pas toujours simple, surtout quand on parle de sa famille, soit vous vous forcez à faire abstraction de leurs défauts et pensées limitantes.

Mettez vos attitudes de votre côté

Cela peut se synthétiser en vous invitant à être enthousiaste, passionné, souriez. C'est important de sourire.

Autre chose importante. Le cerveau humain ne peut éprouver qu'une seule émotion à la fois. Je répète, le cerveau humain ne peut éprouver qu'une seule émotion à la fois.

Si vous êtes triste, vous êtes triste, mais si vous décidez de vous forcer à rire ou à sourire, alors votre cerveau ne peut plus éprouver de tristesse à ce moment-là.

Forcez-vous à prendre le contrôle de votre cerveau pour ne plus le subir. Pensez aux autres, donnez, et... vous recevrez !

Soyez toujours dans une attitude positive et généreuse, cela vous permet justement de voir grand.

Comme l'a dit Publilius Syrus, un poète latin « le Sage est maître de son esprit, le Fou en est l'esclave ».

Adoptez la juste attitude à l'égard des autres

« La réussite réside dans le soutien des autres. Vous ne pouvez obtenir quoi que ce soit si les autres ne vous facilitent la tâche, par exemple les clients qui achètent vos produits, vos employés qui accomplissent le travail, les patrons qui soutiennent les initiatives, les investisseurs, les enseignants, les étudiants, votre famille, etc. Nous comptons toujours sur les autres pour nos réalisations. Et pour compter sur leur soutien, vous devez prendre la bonne attitude à leur égard. »

Prenez l'habitude d'agir

Réussir c'est développer considérablement sa capacité à décider et à agir. Soyez donc quelqu'un qui agit et non quelqu'un qui attend. Les conditions ne seront jamais parfaites. Jamais.

Vous entendez des jeunes couples expliquer qu'ils attendront tous les deux d'être en CDI et d'avoir une situation stable pour faire un bébé. Manque de chance, le monde du travail est devenu totalement instable. Les conditions pour accueillir un enfant ne seront jamais parfaites.

Ce qui rendra les choses parfaites sera votre capacité à affronter les difficultés et trouver les bonnes solutions pour y faire face.

De façon générale, une idée n'a aucune valeur tant qu'elle n'est pas exploitée ! C'est le syndrome du « j'aurais dû le faire », « J'y avais pensé »... Pensé, mais rien fait. C'est comme l'opération bien connue 0 + 0 = la tête à Toto !

La décision et l'action sont des notions clefs. Méditez ces paroles d'Eleanor Roosevelt : « Ce ne sont pas les mots qui expriment le mieux notre vision du monde, mais les choix que nous faisons. Avec le temps, nous façonnons notre existence, et nous nous façonnons nous-mêmes. Ce processus ne s'interrompt qu'avec notre mort. Et les choix que nous faisons, en définitive, relèvent de notre propre responsabilité. »

En deux mots ? Choisissez et agissez !

Comment transformer l'échec en victoire

Bannissez le mot « échec » de votre vocabulaire. Nous l'avons déjà vu avec cette citation célèbre de Nelson Mandela : « Je n'échoue jamais. Soit je réussis, soit j'apprends. »

Remplacez le mot « échec » par le mot « expérimentation ». Développez votre goût pour faire des tests, des essais, des expérimentations. Beaucoup ne fonctionneront pas. Tirez-en les leçons améliorez et essayez encore et encore.

Thomas Edison, l'inventeur de l'ampoule électrique, a dû faire plus de 1200 tentatives avant de mettre au point l'une des plus géniales inventions de tous les temps.

Si vous êtes négatif, vous direz qu'Edison a raté, échoué 1199 fois.

Si vous êtes un homme de la trempe d'Edison, vous verriez les choses autrement et de manière nettement plus positive.

Edison, lui, disait : « J'ai réussi à trouver plus de 1000 façons de ne pas fabriquer une ampoule. »

Développer cette capacité à voir comme Edison vous fera accomplir de grandes choses.

L'échec n'existe pas. Ou plus précisément il est tellement naturel qu'il est en réalité à la base de l'apprentissage de tout être humain. L'échec est normal. Tous les grands succès sont basés sur des échecs qui ont permis de finir par trouver la solution à force d'expérimenter ce qui ne fonctionnait pas !

Pour progresser, fixez-vous des objectifs

Où voulez-vous aller ? Comment voulez-vous vous mobiliser, vous motiver ou faire des efforts pour tendre vers quelque chose si vous ne savez ce qu'est ce quelque chose ?

Il faut donc que vous ayez un objectif qui vous permettra de concentrer vos efforts pour l'atteindre.

Après, vous trouverez les moyens d'y arriver.

Le meilleur investissement à faire est en vous-même et sur vous-même !

Formez-vous, apprenez, tout le temps, pour accélérer votre processus d'amélioration.

Comment penser comme un chef

Soyez un exemple. Soyez humain en vous posant toujours cette question « Quelle est la manière humaine de s'y prendre dans cette situation ». Ayez des principes moraux et éthiques élevés.

Votre degré de réussite dans la vie sera toujours proportionnel à votre niveau de développement personnel. Là aussi les règles du succès sont généralement très morales.

Conclusion

« Le plaisir, pour l'être humain, n'est pas un luxe, mais un besoin psychologique majeur » Nathaniel Branden

Pour être heureux et connaître le succès et la réussite selon votre définition, il vous faudra trouver le juste équilibre entre l'envie de profiter de l'instant présent, qui est une nécessité pour être psychologiquement sain, et votre capacité à différer la gratification. Épargner aujourd'hui c'est ne pas se récompenser en jouissant immédiatement des fruits de son travail. Occuper son temps libre en loisirs futiles au lieu de se former, c'est accepter de ne pas jouir tout de suite de plaisirs légitimes et aussi nécessaires.

Nous avons tous à mener une réflexion intense sur ce sujet de la gratification et des mécanismes de récompense.

Autre élément de réflexion.

« Le meilleur choix pour chaque individu est le point le plus haut qu'il lui soit possible d'atteindre. »Voilà une formule qui affiche une ambition résolue. Aristote n'était pas un productiviste capitaliste, mais un... philosophe.

Soyez réconcilié avec l'argent, le succès ou la réussite. L'ambition est saine et bonne lorsque vos actions le sont également et que votre aventure participe à la poursuite du processus de création, que vous êtes utile au bien commun. Tout cela est très positif, alors laissez braire ceux qui ne comprennent pas parce qu'ils ne veulent pas faire l'effort de comprendre, ou ne pas fournir les efforts nécessaires à leur réussite personnelle qui, encore une fois, est différente pour chacune et chacun de nous.

Plus spécifiquement, concernant le problème de l'argent, je voulais partager avec vous quelques considérations complémentaires.

À votre avis, qu'y-a-t-il parmi les ressources les plus abondantes sur Terre ?

L'eau ? Le pétrole ? L'alimentation ?

Je vais vous dire : c'est l'argent.

Il n'y a jamais eu autant d'argent sur la planète qu'aujourd'hui en 2018 où vous lisez ces lignes. Jamais, entendez-moi bien, jamais il n'y a eu autant d'argent disponible et pour aussi peu cher !

Nous avons des milliers de milliards de dollars, d'euros ou de yens qui ont été créés et qui circulent plus ou moins sur notre planète. Vous et moi le savons d'autant plus que nous suivons avec une grande attention les politiques monétaires et leur évolution depuis une dizaine d'années.

Pourtant, j'entends sans cesse autour de moi les gens se plaindre parce qu'ils n'ont pas d'argent.

Je ne juge pas et ne critique pas. Vous connaissez ma bienveillance.

Pourtant, il ne faut pas dire « je n'ai pas d'argent », mais plutôt « je n'arrive pas à capter pour moi une toute petite partie des flux considérables d'argent créé ».

J'évolue, nous évoluons dans des flots considérables d'argent.

Vous me direz tous ces sous ne circulent pas, beaucoup les captent que pour eux. Je vous dirai deux choses. D'une part, pensez à Arkad. Si quelques-uns captent cet argent, c'est qu'ils savent le faire (et oui parfois aussi illégalement), et pensez à l'excusite. Ces deux réflexions sont négatives. Pensez à *La magie de voir grand*. Si vous conditionnez votre cerveau à l'échec, alors vous échouerez.

Je repose la question. Je vous la repose : comment pouvez-vous capter une petite part de tous ces flots d'argent pour avoir le niveau d'abondance que vous souhaitez ?

Je peux vous dire qu'avec mon épouse, nous avons atteint notre niveau d'abondance, pour nous l'argent n'est plus un problème. Pas parce que nous sommes « riches » ou que nous payons « l'IFI » – ce qui n'est pas le cas –, mais parce que chaque mois, nous dépensons moins que ce que nous gagnons, que nous gérons, que nous investissons petit à petit, et que nous faisons très attention à ne pas acheter de l'inutile et du futile.

Si l'argent ne fait le bonheur, la sérénité qu'un minimum d'abondance procure est évidente.

Personne ne mérite de ne pas fermer l'œil de la nuit parce qu'il manque. Alors laissons ce débat de la richesse qui n'est pas bien à tous ceux que nous retrouverons, hélas, au même point dans 20 ans, avec les mêmes discours, avec une rancœur décuplée, et qui blâmeront tout ce qui brille autour d'eux.

Donc, comment faire ? Voilà une meilleure question et une meilleure approche.

À vous de mener vos propres réflexions sur vos chemins de vie, commencer à réfléchir. Commencer à penser ce n'est pas, comme disait mon ancien grand patron à la BNP, « commencer à désobéir », c'est commencer à avancer et à emprunter le plus beau chemin qu'un homme puisse parcourir, celui de sa progression, qui le conduira inévitablement à son amélioration.

Lorsque nous ferons notre dernier grand voyage, que nous espérons tous le plus tard possible, si nous pouvons en regardant en arrière contempler le chemin parcouru, nous aurons la certitude d'avoir réussi au moins certaines choses.

L'amélioration individuelle est l'un des grands objectifs de la vie ici-bas, et procure beaucoup de joie à ceux qui en ont le souci et en font leur objectif. S'améliorer n'a jamais signifié devenir « saint » avec pauvreté et chasteté.

Les gens, dans leur immense majorité, ne voient que les résultats brillants de ceux qui ont réussi. Ils ne voient ni les efforts pour y parvenir, ni les successions d'échecs qu'il a fallu traverser, ou encore les immenses souffrances qui se cachent très souvent derrière les grandes réussites.

« Dieu ne choisit pas les hommes capables, mais rend capable ceux qui le choisissent. » Nous avons tous de la chance dans la vie, et la chance se « provoque ».

La chance c'est quand la préparation, le travail, l'opportunité et la capacité de décision se rencontrent.

À bientôt mes amis, et j'en profite, encore une fois, pour vous exprimer toute ma gratitude.

Le Retour aux Sources éditeur

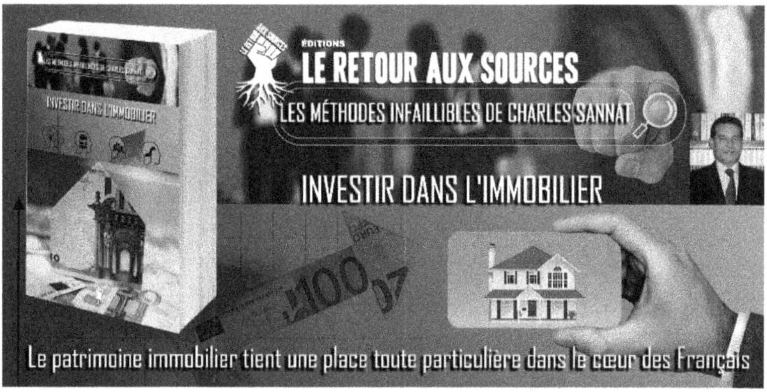

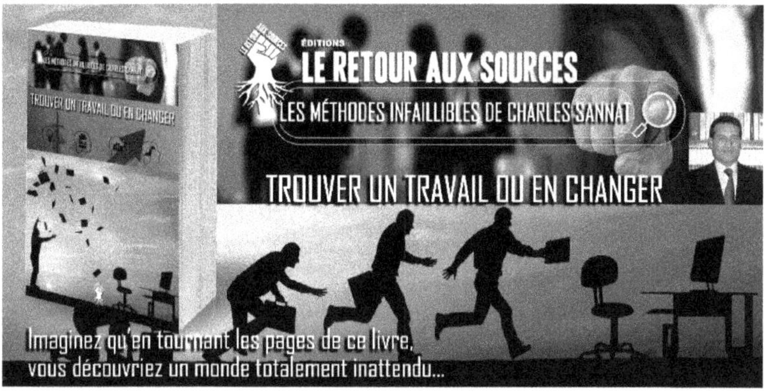

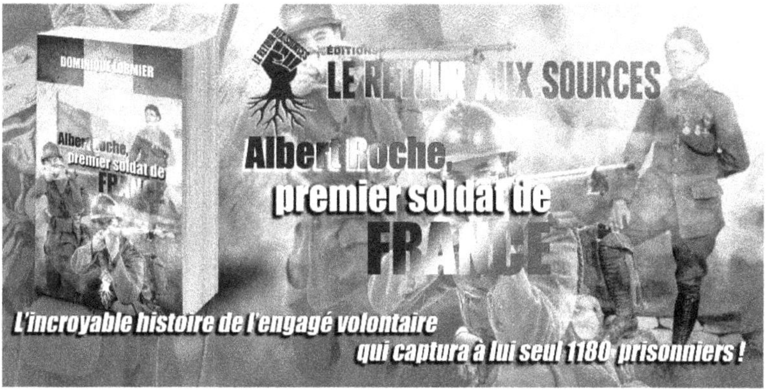

ÉDITIONS LE RETOUR AUX SOURCES

L'imposture du sauveur AMÉRICAIN 1917-1918 / 1941-1945

Un ouvrage passionnant qui balaye de nombreux clichés et rétablit des vérités historiques méconnues

ÉDITIONS LE RETOUR AUX SOURCES

HISTOIRE DE L'ARMÉE FRANÇAISE

des origines à nos jours

L'armée française a souvent occupé la première place en Occident

Certains de ses chefs militaires ont marqué le monde par leur génie tactique et stratégique

ÉDITIONS LE RETOUR AUX SOURCES

Histoires extraordinaires

de la

FRANCE MYSTÉRIEUSE

À travers ces histoires extraordinaires, c'est toute l'histoire d'un pays de tradition de liberté et de coutumes que cet ouvrage nous invite à revisiter

ÉDITIONS LE RETOUR AUX SOURCES

DOMINIQUE LORMIER

Histoires extraordinaires et mystérieuses de L'HUMANITÉ

Histoires extraordinaires et mystérieuses de L'HUMANITÉ

Ces histoires ahurissantes et fantastiques, retracent les origines des grands mythes

DOMINIQUE LORMIER

LES GRANDES AFFAIRES D'ESPIONNAGE en FRANCE de 1958 à nos jours

ÉDITIONS LE RETOUR AUX SOURCES

LES GRANDES AFFAIRES D'ESPIONNAGE en FRANCE de 1958 à nos jours

- La fin du conflit algérien
- L'enlèvement de Ben Barka
- Jacques Foccart et l'Afrique
- Le mercenaire Bob Denard
- La bombe atomique française
- La guerre froide
- Le terroriste Carlos
- Le Liban
- Le Rainbow Warrior
- La Libye
- L'éclatement de la Yougoslavie
- Le terrorisme islamiste
- Le retour des espions russes
- de Poutine

De nombreuses révélations incroyables, venant de personnes de tout premier plan, sont présentées dans cette enquête très documentée

DOMINIQUE LORMIER

LES GRANDES BATAILLES de la PREMIÈRE GUERRE MONDIALE

ÉDITIONS LE RETOUR AUX SOURCES

LES GRANDES BATAILLES de la PREMIÈRE GUERRE MONDIALE

Une vision globale, tactique et stratégique des douze grandes batailles qui marquèrent un tournant dans l'histoire militaire

137

www.ingramcontent.com/pod-product-compliance
Lightning Source LLC
Chambersburg PA
CBHW072156270326
41930CB00011B/2443